CHRISTOPHER PAGE

FADING LIGHT IN THE PICTURE GALLERY

DIRIMART

İçindekiler | Contents

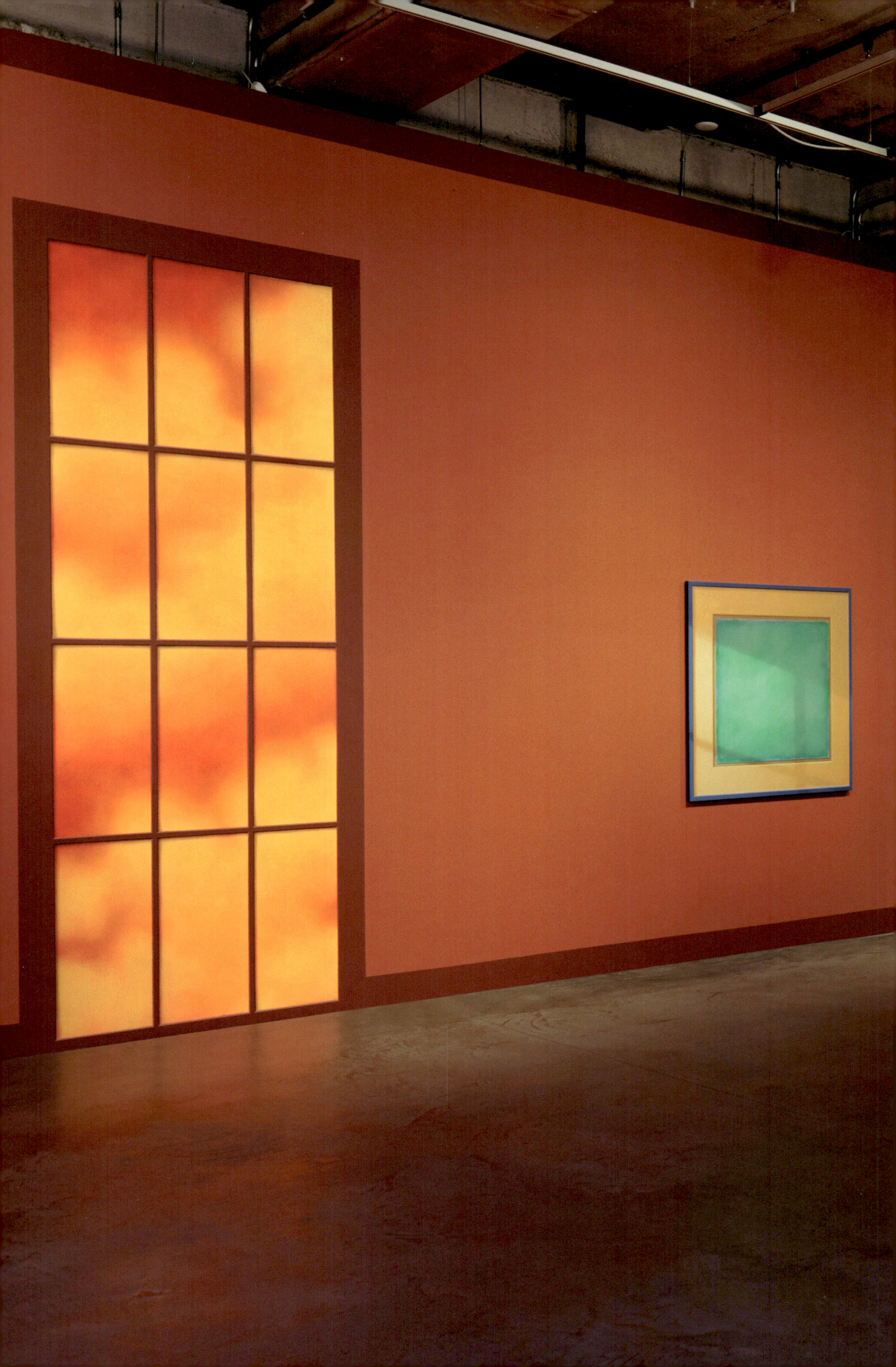

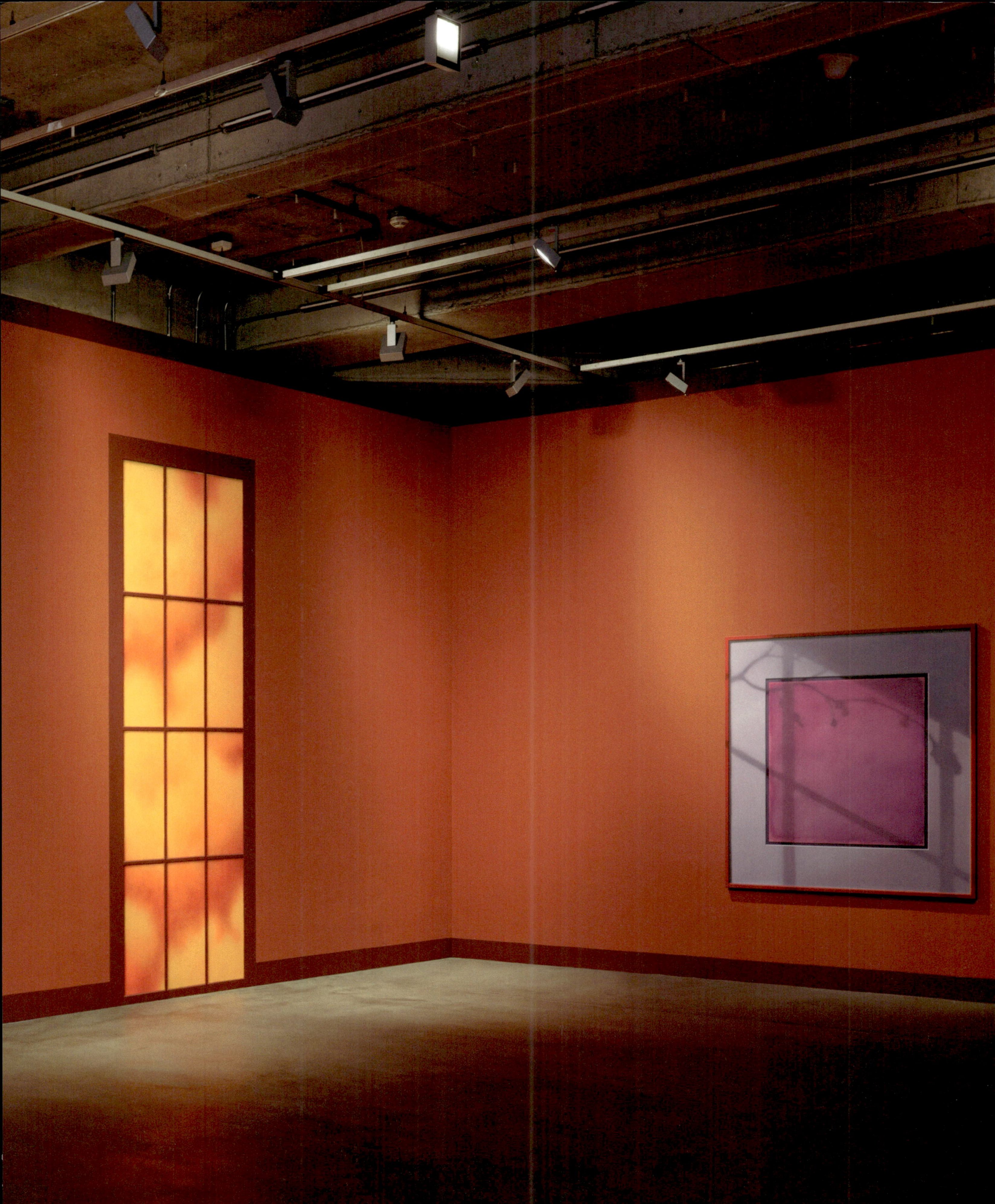

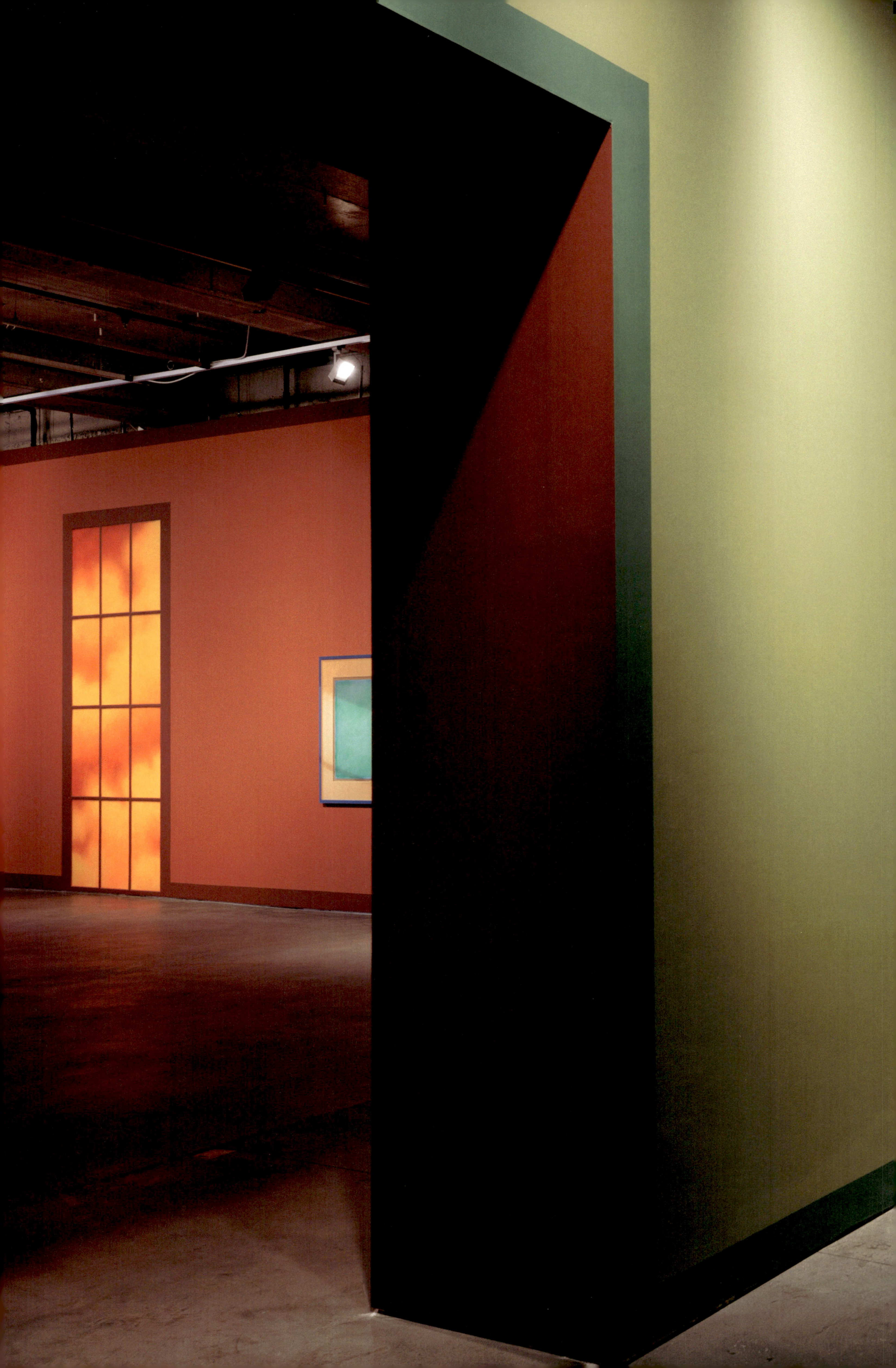

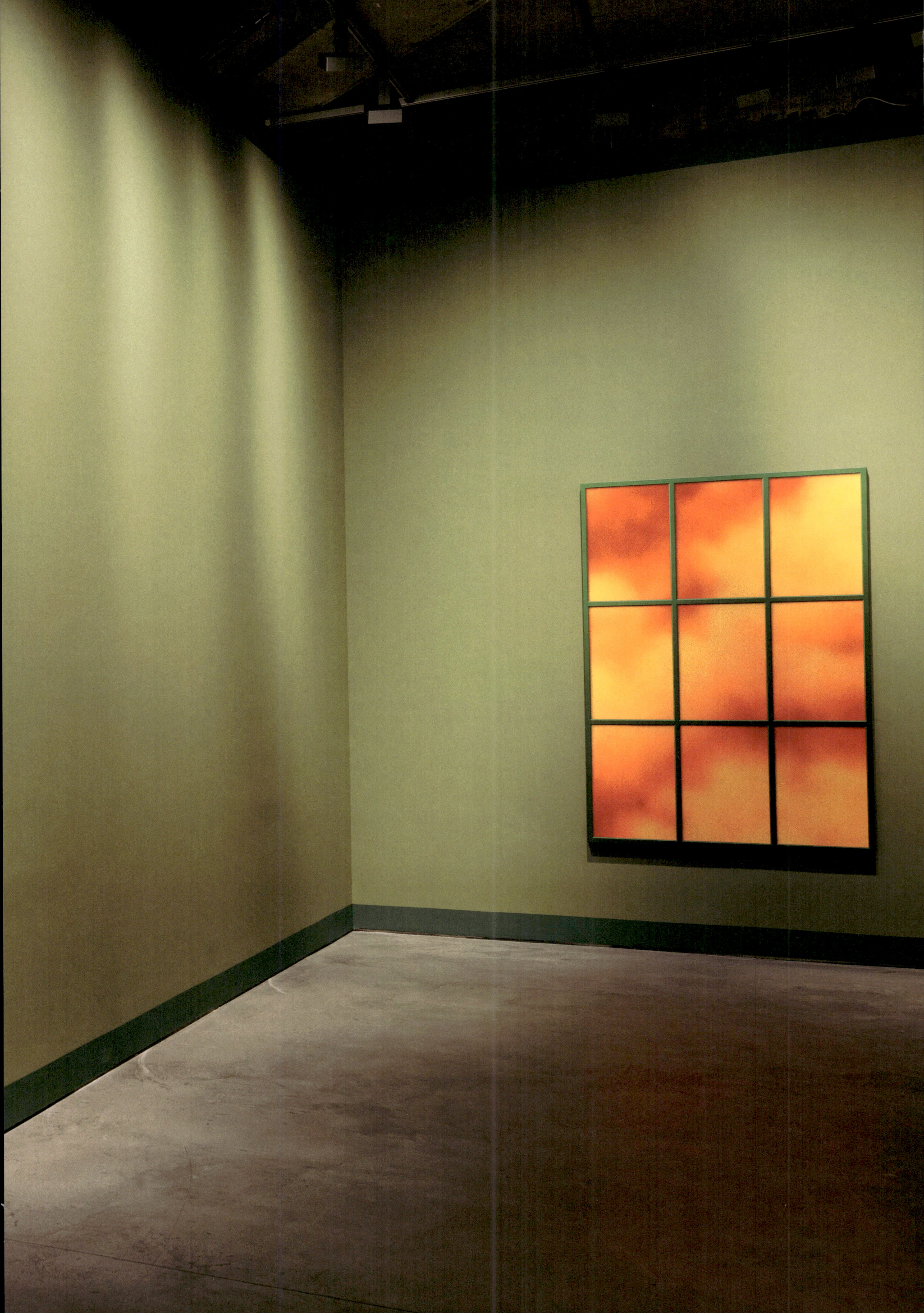

Karanlıkta Görmek

James Bridle

Christopher Page'in resimleri kendilerini ve bizi farklı zamanların arasında bir yerde askıya alır. *Müzenin Sönümlenen Işığı* sergisindeki eserler bir yandan modernizmin düzlemselliği ve minimalizmle, öbür yandan Rönesans perspektifinin derinliğiyle örülüdür, görsel etkileri on beşinci yüzyıldan yirminci yüzyıla uzanarak kırpışır. Bazılarında saf renk katmanları basit çerçevelerin içine oturtulmuştur, aslında yakından bakıldığında çerçevelerin resmin parçası oldukları görülür: Hem görünürdeki tuvalleriyle hem bağlamına oturdukları kurumsal aygıtla, kılı kırk yaran bir ayrıntıcılıkla yapılmış resimlerin resimleridir bunlar. Bazılarıysa benzer şekilde çerçevelenmiş aynaları veya cehennemi bir gökyüzünün göründüğü pencereleri taklit eder. Bu yer ve perspektif kesişimlerini ve karmaşasını elde etmeye yönelik teknik, ressamın kendi ifadesiyle, Pompei'deki iki bin yıllık fresklerden en yeni masaüstü bilgisayarlarda üretilen gölge efektlerine uzanan *trompe l'oeil* pratiğidir: tarihselleştirilmesi pek de kolay olmayan bir pratiktir bu. Burada karşımızda duran çok ince düşünülmüş bir illüzyonlar sistemidir; referansları her ne kadar açıkça belli olsa da birbiriyle diyaloğa girdikleri anda çökerler.

Modernizmin netliğiyle Rönesans perspektifinin kesinliği, kendi zamanlarında birer hakikat iddiasıydılar; bu ikisinin dolaşıklığının etkisinin ise, biraz gevşek bir bakışla, postmodern olduğu söylenebilir: iki duruşu aynı anda yeniden üretmek ve sorgulamak. Fakat Page bu iddiaları, eserlerini başka bir illüzyona yerleştirerek sahnelemek suretiyle daha da karmaşık hale getirir. Bu sahne, yüksek tavanlarıyla, kırmızıya boyalı duvarlarıyla, sofistikelik ve otorite iddiasındaki George dönemi müzesidir. Bu iki estetik hareketin büyük gayretlerle ürettiği "hakikat" başka bir üretim tarzı tarafından desteklendi, halen de destekleniyor: gerek papaların, prenslerin, sanat koleksiyonerlerinin olsun gerek de kurumların iktidarıdır burada söz konusu olan. Hakikate dair değil, hangi hakikatlerin önemli olduğunu belirleme iktidarına sahip olmaya dair bu meta-iddianın Avrupa geleneğinde ilk defa George döneminde resmen kurulduğu öne sürülebilir. Bu dönemde kurulan ve fonlanan bilim ve sanat kurumları, üniversiteler, şirketler ve koloniler işte bu amaca hizmet etmiştir. Sanat tarihi, Aydınlanma, kapitalizm ve neoliberalizm de aynı meta-iddiada bulunur: hakikatleri önem sırasına dizme, doğrulama ve meşru kılma, somutlaştırma ve dünyanın yapısını onların etrafında kurma gücü.

Page'in buradaki başarısı, tarihte bu iddiaların zayıf hale geldiği anlardan—bu sergi bağlamında besbelli Romalıların Yunan hayranlığı ve dijital nesne taklitçiliğinden—çerçeveleme ediminin ta kendisine yönelik bütün girişimleri inkâr ve imha eden o tek tekniği bulup çıkarmaktır: *trompe l'oeil*. Bu teknik Romalıların bir yandan kendilerini yeni ve ilginç—hatta modern—kılıp bir yandan Yunan sanatlarında üstün olmasını sağlamıştı; bizim içinse, (genelde aleyhimize olan) işleyişi ve dallanıp budaklanmalarıyla bize büyük ölçüde bilinmez olan illüzyonlu bir birler-sıfırlar dünyasında tutunacak bir dal işlevi görür (gerçekten de dijital ekran, gizil güçlerin kendi hakikat versiyonlarını yazdıkları bir tuval değil midir?) Page'in, büyük tarih anlatısının üzerine düşürdüğü bezgin gölge, hem içsel hakikat üretimine dair estetik iddiayı hem de hakikatin dışsal kontrolüne dair emperyal meta-iddiayı kendilerine has illüzyonlar olarak gösterir.

Page'in, düzlemsel tuvallerinin arasına bir dizi ayna yerleştirmesi de onun bu farkındalık kaymasının tekil etkileriyle olduğu kadar tarihsel etkileriyle de ilgili olduğunu gözler önüne serer. Bu eserler, hakikatleri yaratmanın ve anlamanın kurumsal yordamlarının dengesizliğine işaret etmenin yanı sıra bakana, farkındalığını kendi içine yöneltme ve bu inşaların bir parçası olan benliğini inceleme yönünde meydan okur. Burada mevzubahis olan dengeli, tartışmasız kabul edilen birey fantezisi olduğu kadar iktidar ve tarih mitleridir de. Modern benliğin inşası hep görünürlük temelinde, dünyayı bakışla anlama üzerine olageldi. Psikanalizin araç çantasında optik illüzyonların, paradoksların, mürekkep lekelerinin olmasının bir nedeni var: belirsizlikleriyle, kendimizi başka şeyleri görürken görme fırsatı sunar, böylece kendimizi karmaşık, çokyönlü, meçhul varlıklar olarak düşünme ve görme arzumuzu beslerler.

Bu noktada akla şu soru gelir: Peki biz bu bilgiyle ne yapacağız? İmgenin belirsizliğinin ötesinde, tuvalde üst üste atılmış, hakikat tutkusuyla yanıp tutuşan kurgu katmanlarının arasında ifşa olan, aynadan yansıyan, pencereden dışarıya uzanan nedir? Yadsıyarak imaya, sanatın kelimelere dökülemeyeni yaratma becerisine, ortaçağ mistiği Aeropagiteli Sahte Dionisos'un bizimle Tanrı arasında duran, aklın saf ışığını tasvir etmeye yönelik bütün çabaları faydasız, nihayetinde tehlikeli kılan "bilmezlik bulutuna" sığınmak insana çekici gelebilir. Bu, misal, her yanımızı saran kapitalist-dijital karmaşa bulutuyla; veya belki pencere çerçevelerinin az ötesinde meydana gelen orman yangınlarının ışığıyla alev alan bulutların temsil ettiği iklim değişiminin varoluşsal dehşetleriyle; ya da kendi bilinçaltımızın nüfuz edilemez aynasıyla karşı karşıya geldiğimizde kolayca sığınabileceğimiz bir pozisyondur. Üstelik de utanç verici değildir: figürü ve zemini çökertip yine de ayakta kalabilmekte, algılanan paradoks duvarları arasında üretken bir gerilimi sürdürmekte, onların arasında nefes alabilecek bir yer bulabilme becerisinde bir tür güç ve onur vardır. Ama ben yine de başka bir okuma denemesine girişmek istiyorum.

Page'in katmanlarının nitelemesiyle, görünürdeki düzlemselliklerinin barındırdığı tezatla, sunduğu anlam-tarih paradoksuyla bir ilişkiler uzamı gözler önüne serilir. Bariz olanı dile getirme pahasına şunu öne sürmek istiyorum: Bu boş bir uzam değildir; bir illüzyonlar âlemi, bir hokkabazlık, büyü veya dinsel tecrübe diyarı da değildir. Aslında, genelde gerçek olduğunu düşündüğümüzden daha gerçektir. Dünyanın hakikati tek tek nesnelerde değil özneler arası etkileşimde, birbirlerini çekme ve itme güçlerinde, kuantum fizikçisi, feminist teorisyen Karen Barad'ın *intra-action* dediği şeyde bulunabilir. Biz varlık değiliz, oluşuz.

Varlıklar, bedenler ve zamanlar arasındaki ilişkilerdir, ekolojik ve erotik ilişkilerdir her şeyin birbirine düğümlendiği, her şeyin her şeye bağımlı olduğu yer; bencil gen, bencil birey, bencil piyasa gibi şeylerde ısrar eden akademik tarih, Aydınlanma ve neoliberalizmin sildiği yer. Tek doğru hakikatteki ısrarlarıyla bu ilişkileri ezdiler, her şeyi bireyselleştirilmiş bakışların düz, yabancılaşmış nesnelerine dönüştürdüler. Ve sonuç, galerinin pencerelerinden gördüğümüz şeydir: alev almış bir dünya. Bu alevler—ki uzak bulutlardan yansıyan değil, kolektif gerçekliğimizin burnunun dibinde oynaşan alevlerdir bunlar—ilişkiler âleminin ezici gerçekliğinin şiddetli birer yeniden beyanıdır.

Başta—özeleştiri yapan, bütün olan varlıklar olarak—kendimizle, sonra başkalarıyla, nihayet dünyayla ilişkilerimizi onarmak, karanlık Aydınlanma'nın yerine konacak yeni bir Dolaşıklık tahayyülünde kilit önem taşıyor. Sanatçının ifade ettiği gibi müzedeki ışık kesinlikle sönümlenmekte. İlişkiler, dünyanın o yapış yapış, arada derede halinde, şu çok sayıda hakikati çoklu zamanlarda nasıl yaşantılayacağımızla ilgilidir, zira her birinin kendi sonsuzluğu vardır, ama hepsi bir arada başıboş değil, bilakis bütündürler. Evet müzenin ışıkları sönüyor ve onlarla birlikte eski kesinlikler, eski görüler de gidiyor: Peki karanlıkta bizi bekleyen yenileri nasıl şeyler?

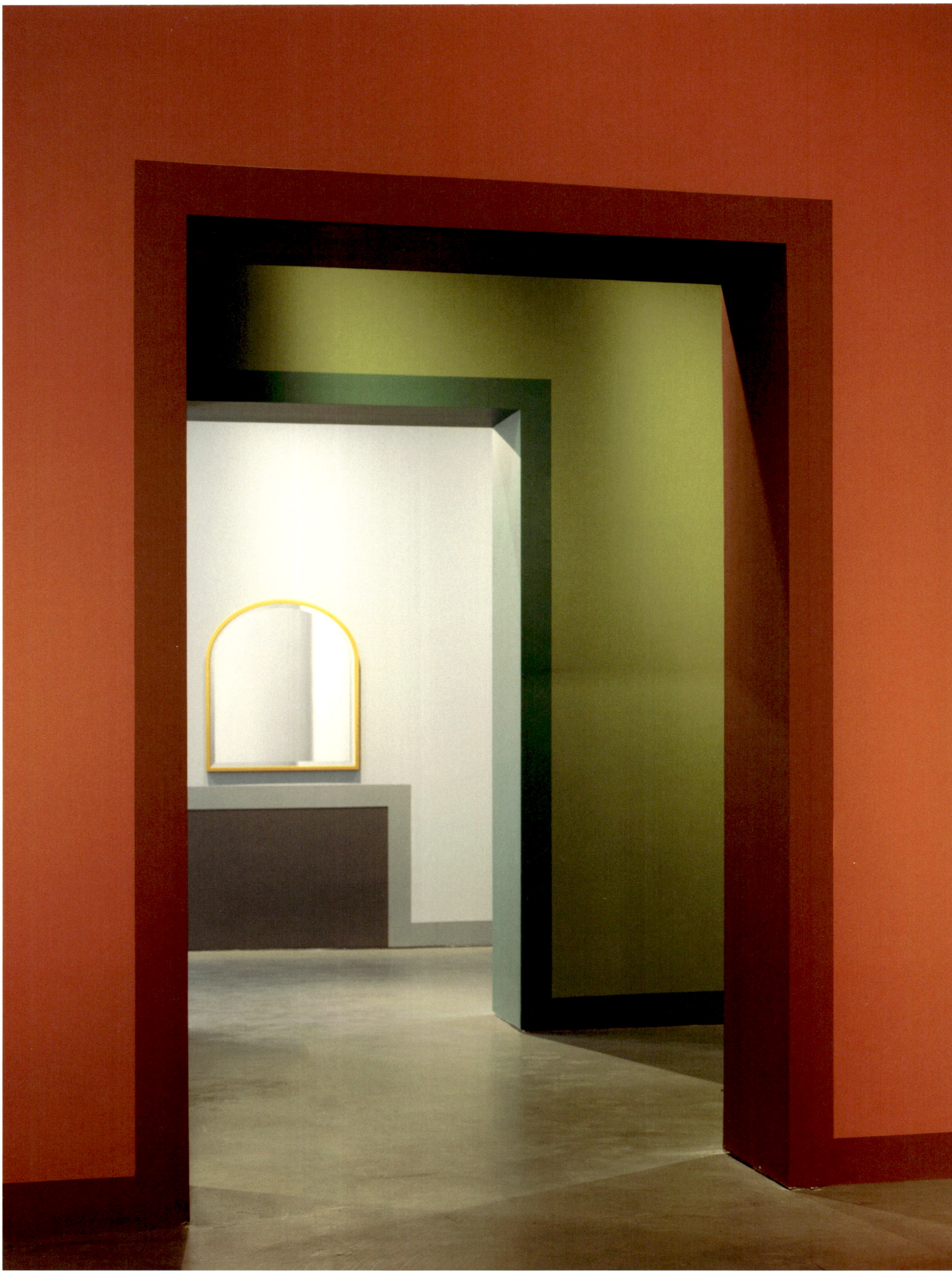

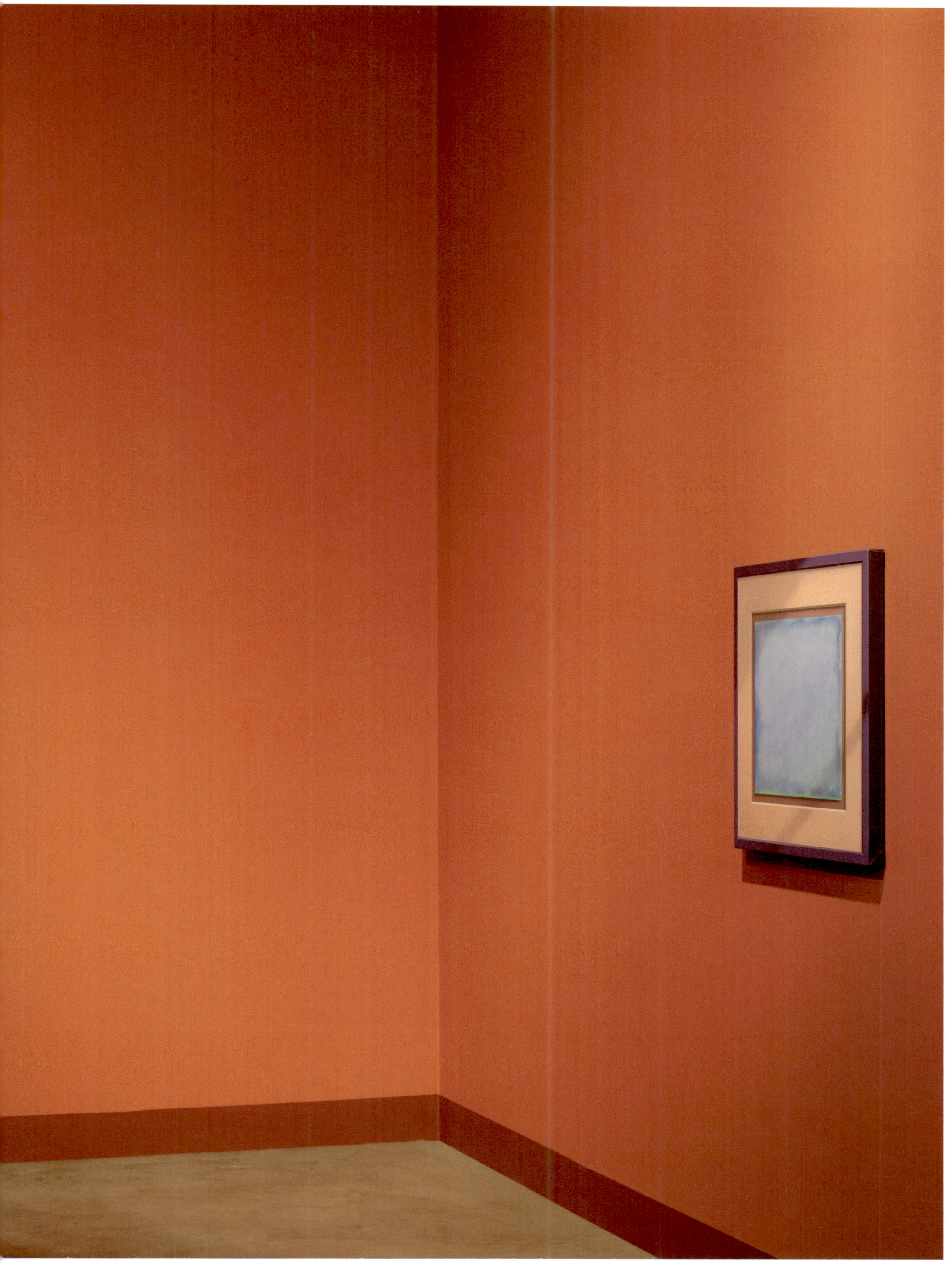

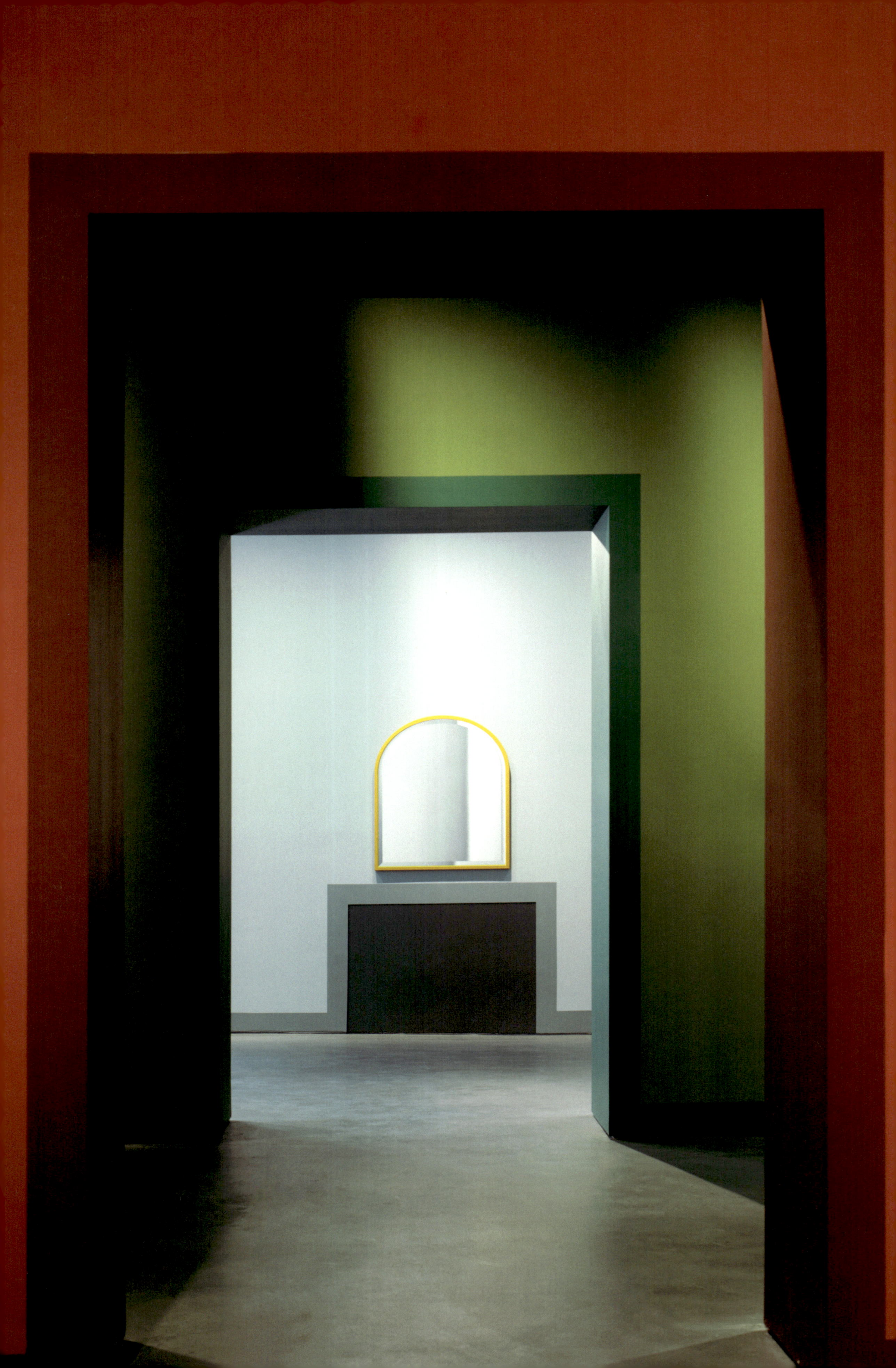

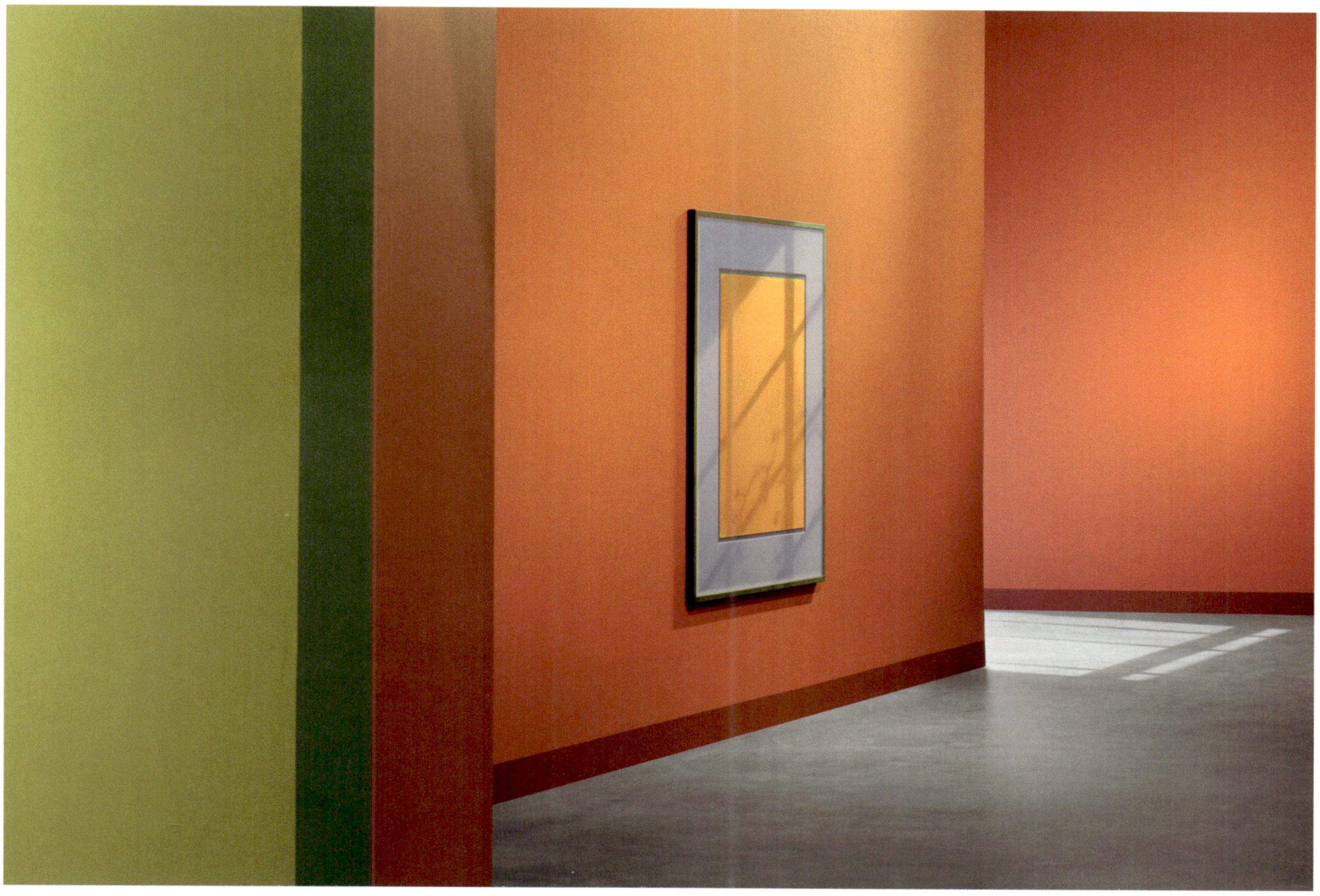

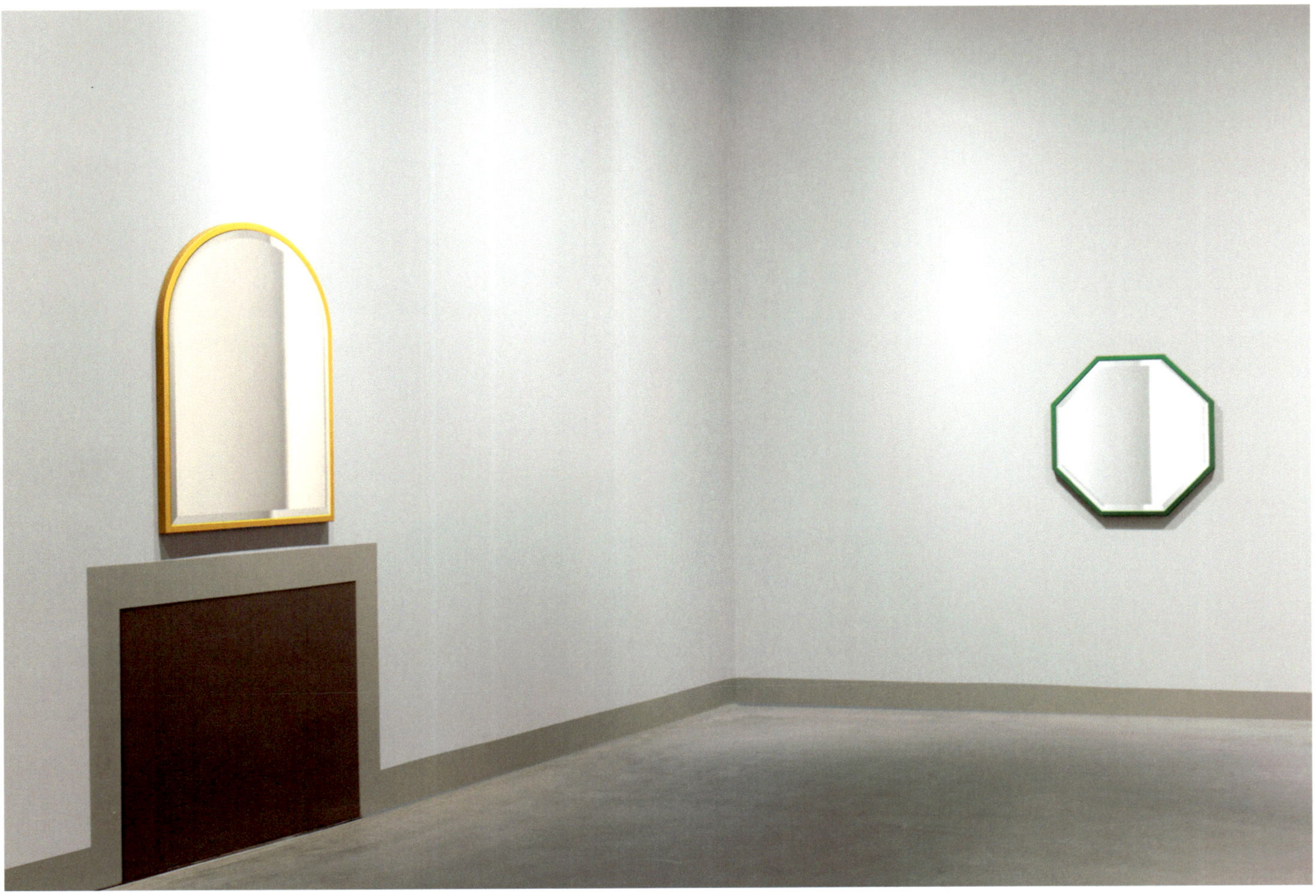

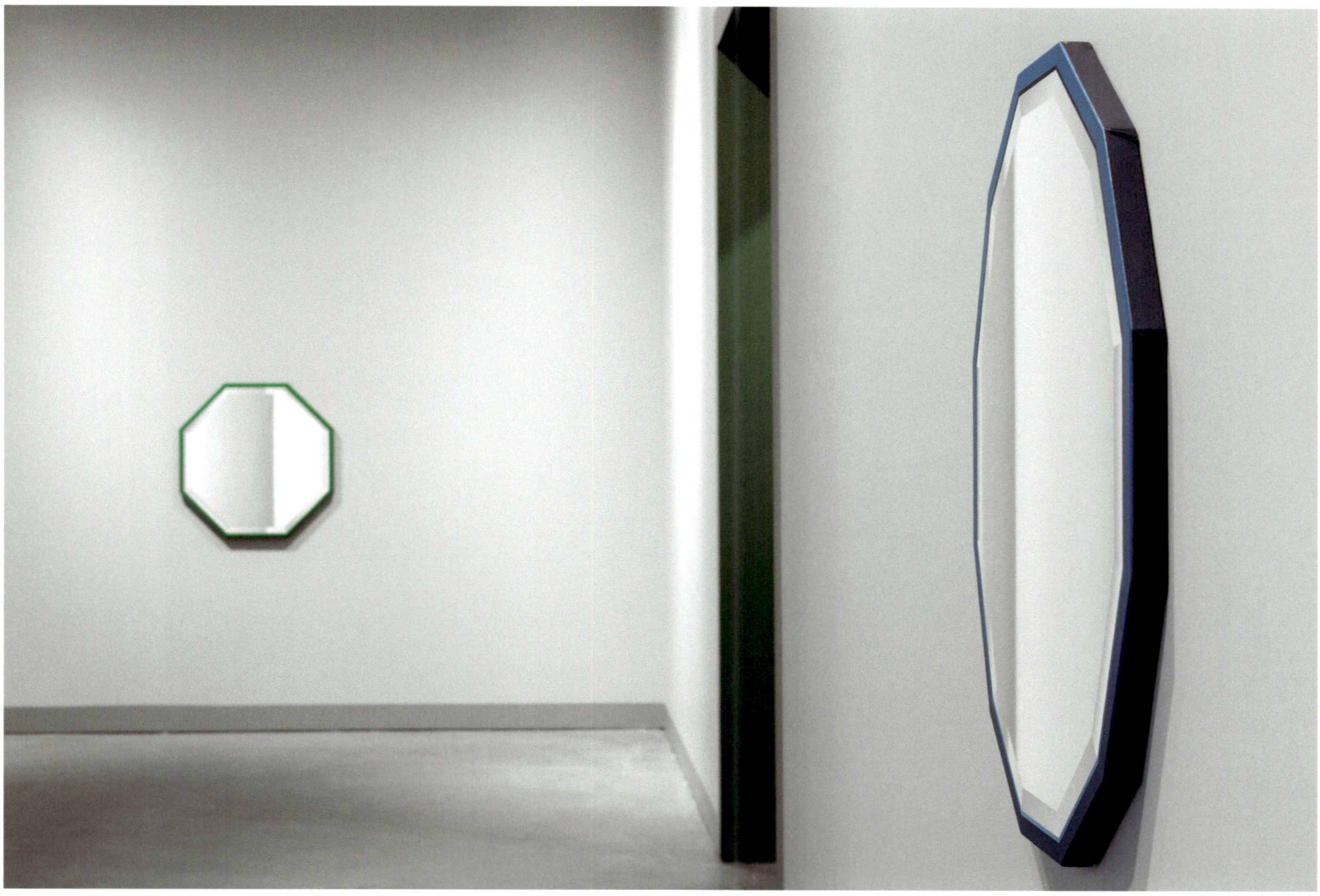

Seeing in the Dark

James Bridle

Christopher Page's paintings suspend themselves, and us, between times. The works in *Fading Light in the Picture Gallery* are informed by the flatness of modernism and minimalism on the one hand, and the depth of Renaissance perspective on the other, their visual affect flickering between the fifteenth and the twentieth centuries. In some, pure washes of colour are set in simple frames, which on closer inspection reveal themselves to be part of the paintings too: paintings of paintings, with both the apparent canvas and its institutional apparatus rendered in the same painstaking detail. Other works imitate similarly framed mirrors, or windows onto an infernal sky. The technique used to achieve these juxtapositions and confusions of place and perspective is the less easily historicised practice of *trompe l'oeil*, an effect to be found, as the painter notes, in the two thousand year old frescoes of Pompeii as well as the drop shadows of the latest desktop computer systems. We are confronted with an elaborate system of illusions, whose references, while clear in themselves, collapse when placed in dialogue with one another.

The clarity of modernism and the exactitude of Renaissance perspective were, in their time, claims to truth, and the effect of their entanglement could be breezily postmodern: reproducing and questioning both positions at once. But Page further complicates those claims by staging his works within another illusion: that of the Georgian picture-gallery, with its high ceilings, red walls, and mannered air of sophistication and authority. The "truth" industrially produced by these two aesthetic movements was, and remains, supported by another mode of production: power, whether that of Popes, princes, art collectors, or institutions. It was in the Georgian age, it can be argued, that this meta-claim, not of truth but of the ability of power to define which truths mattered, was first formally established in the European tradition, through the creation and endowment of scientific and art institutions, universities, corporations, and colonies. Art history, the Enlightenment, capitalism and neoliberalism make the same meta-claim: the ability to order truths, to certificate and verify them, to reify them and build the structure of the world around them.

Page's achievement here is to draw out from moments in history when these claims become tenuous—in this case, notably, Roman Hellenophilia and digital skeuomorphism—that one technique which denies and destroys all attempts at the act of framing itself: *trompe l'oeil*. For the Romans, it allowed them to glory in the arts of the Greeks while making themselves something new and strange—even modern—while for us, it provides a purchase on an illusory world of ones and zeroes whose operations and ramifications remain largely obscure to us, often to our detriment (the digital screen really is a canvas onto which hidden powers write their version of the truth). In the languorous application of a shadow falling across the grand narrative of history, both the aesthetic claim to internal truth production and the imperial meta-claim to external control of truth are revealed as illusions of their own.

The inclusion of a suite of mirrors among his flat canvases reveal too that Page is as concerned with the individual effects of such a shift in awareness as he is in its historical impact. As well as pointing towards the instability of institutional ways of knowing and making truths, these works challenge the viewer to turn this recognition inwards, and to examine the self which has participated in such constructions. What is at stake is as much the fantasy of the stable and incontestable individual as it is the myth of power and history. The construction of the modern self has always been based on visuality, on knowing the world through sight. There is a reason that optical illusions, paradoxes, and ink blots are part of the psychoanalytical toolkit: in their indeterminacy, they present the opportunity for us to see ourselves seeing, and thus thinking and desiring, to see ourselves as the complex, multi-faceted, and indeterminate beings that we are.

The question then becomes, what to do with this knowledge? What is revealed, beyond the indeterminacy of the image, between the layers of truth-aspiring fictions present atop one another on the canvas, reflecting back from the mirror, and extending out through the window? It is tempting to retreat into apophasis, into the wordless ability of art to conjure that which cannot be put into words, into the "cloud of unknowing," which, the medieval mystic Pseudo-Dionysius the Areopagite wrote, intercedes between us and God, rendering any attempt to describe the pure light of reason futile and, ultimately, dangerous. This is all too easy a position to slip into when confronted by, for example, the capitalist-digital cloud of complexity which envelops us today, the existential horrors of environmental change perhaps represented by the wildfire-lit clouds beyond the windowframes, or indeed the impenetrable fug of our own unconscious. And it is not a shameful one: there is strength and honour in the ability to collapse the figure and the ground and remain standing, to hold in productive tension the walls of received paradoxes and find between them a breathing space. Nevertheless, I shall attempt another reading.

The space that is revealed by the delineation of Page's layers, by the internal contradiction of their apparent flatness, by the paradox of meaning and history he presents, is the space of relationships. Critically, and at the risk of stating the apparently obvious, I want to assert that this is not an empty space, not a realm of illusion, sleight of hand, enchantment, or religious experience. Indeed, it is more real than that which we commonly take for reality. The truth of the world is not to be found in discrete objects, but in the interaction of subjects, in the push and pull they have upon one another, in what the quantum physicist and feminist theorist Karen Barad calls their *intra-action*. We are not beings, but becomings.

It is relationships between beings, bodies, and times, relationships in the ecological and the erotic sense, in which everything is hitched together and everything depends on everything else, which have been erased by academic history, the Enlightenment, and neoliberalism, in their insistence on the selfish gene, the selfish individual, and the selfish market. In their insistence on the one true truth, they have smashed such relationships, turning everything into flat, alienated objects of individuated gazes. And the result is what we see through the windows of the gallery: a world aflame. Those flames—not distant clouds, but fires licking at the very threshold of our collective reality—are the violent reassertion of the overbearing reality of the domain of relationships.

Repairing our relationships—with our own selves first, as whole and self-critical beings, then with one another, and finally with the earth, is the key to a new Entanglement, to replace the benighted Enlightenment, whose illumination, as the artist puts it, is certainly fading in the picture gallery. Relationships are how we live in the sticky, in-betweenness of the world, in multiple times and multiple truths at once, for there are an infinity of each, not more adrift, but more whole. The lights are going down in the picture gallery, and with them go the old certainties and the old visions; what new ones await in the darkness?

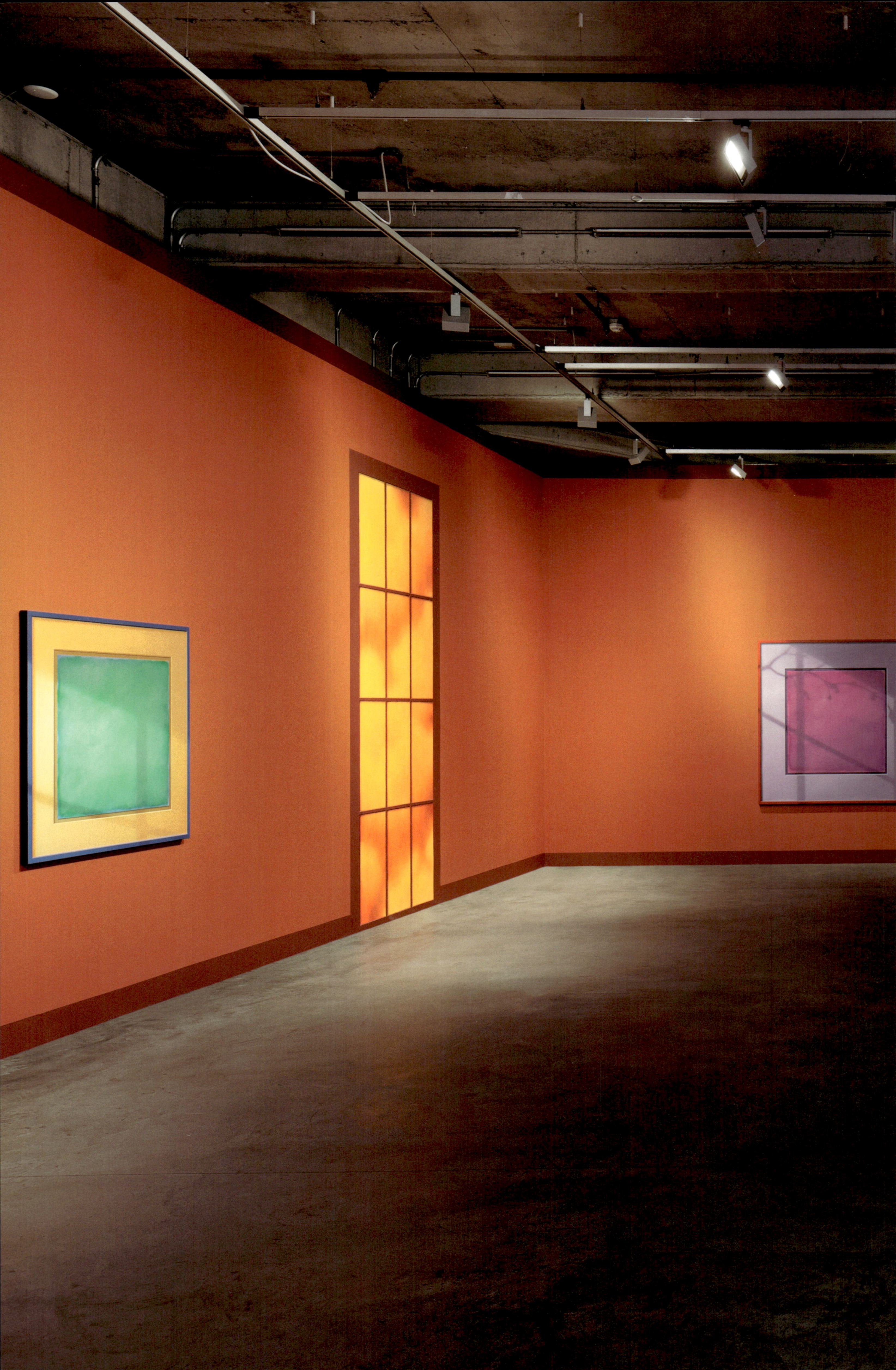

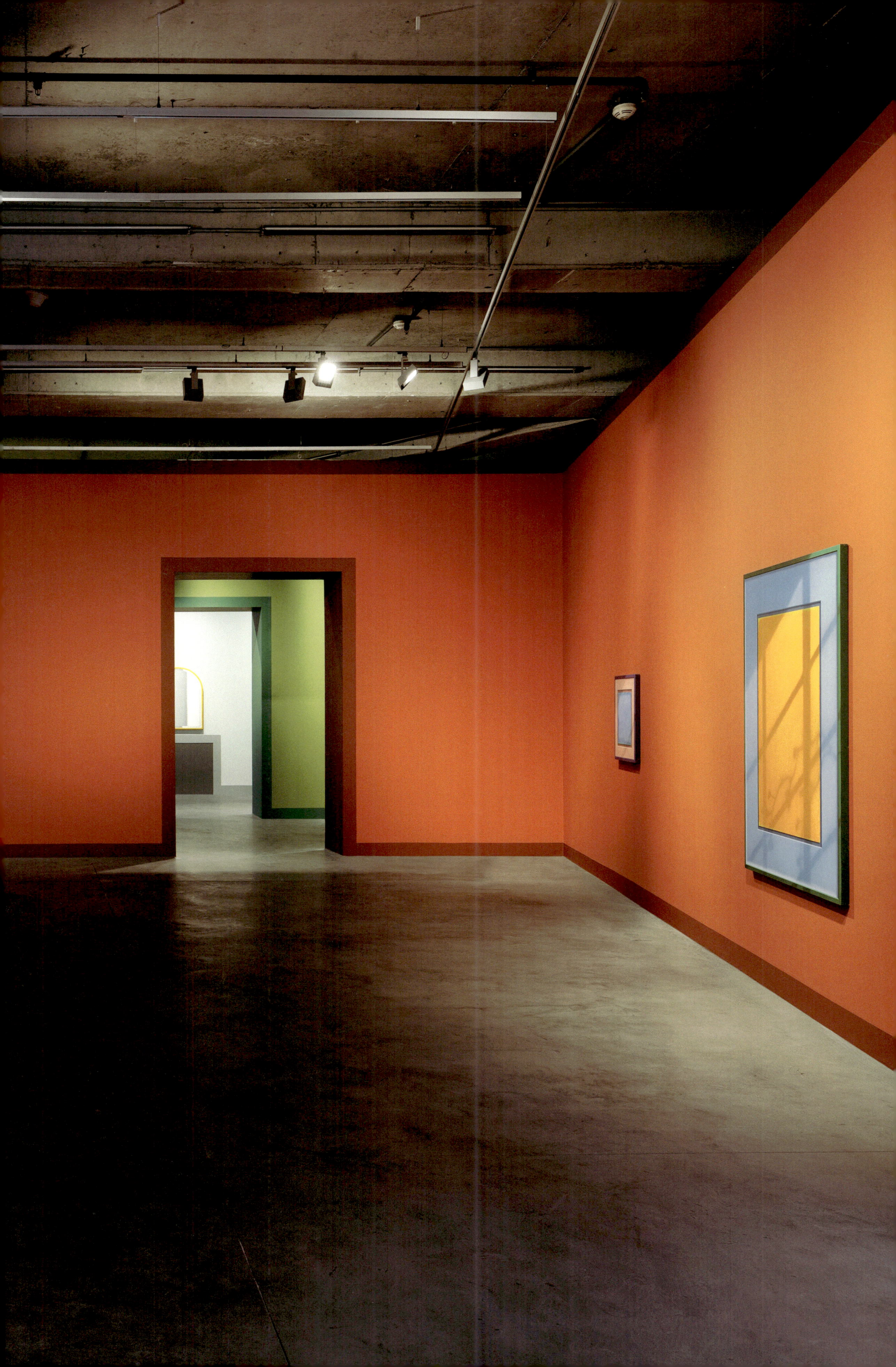

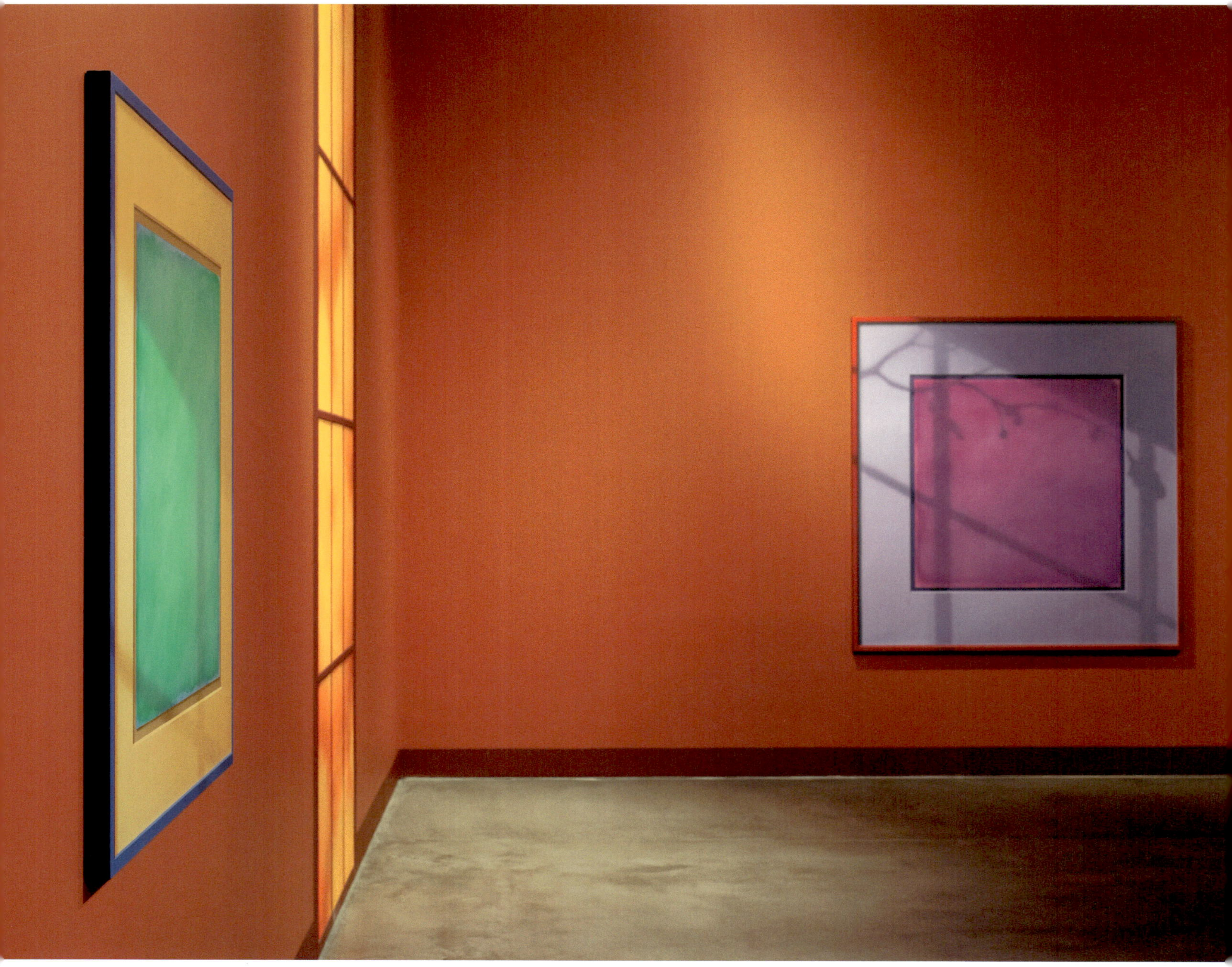

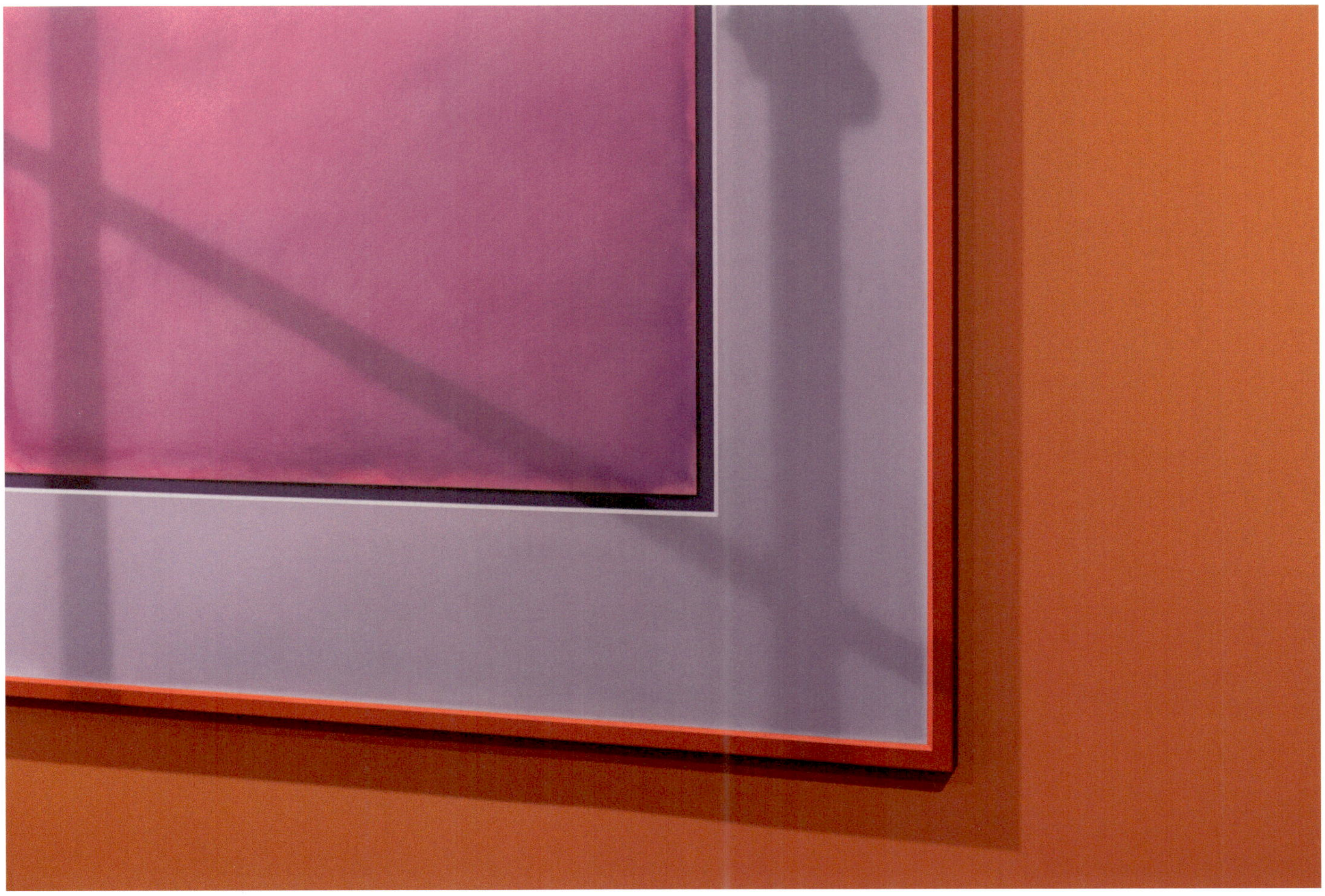

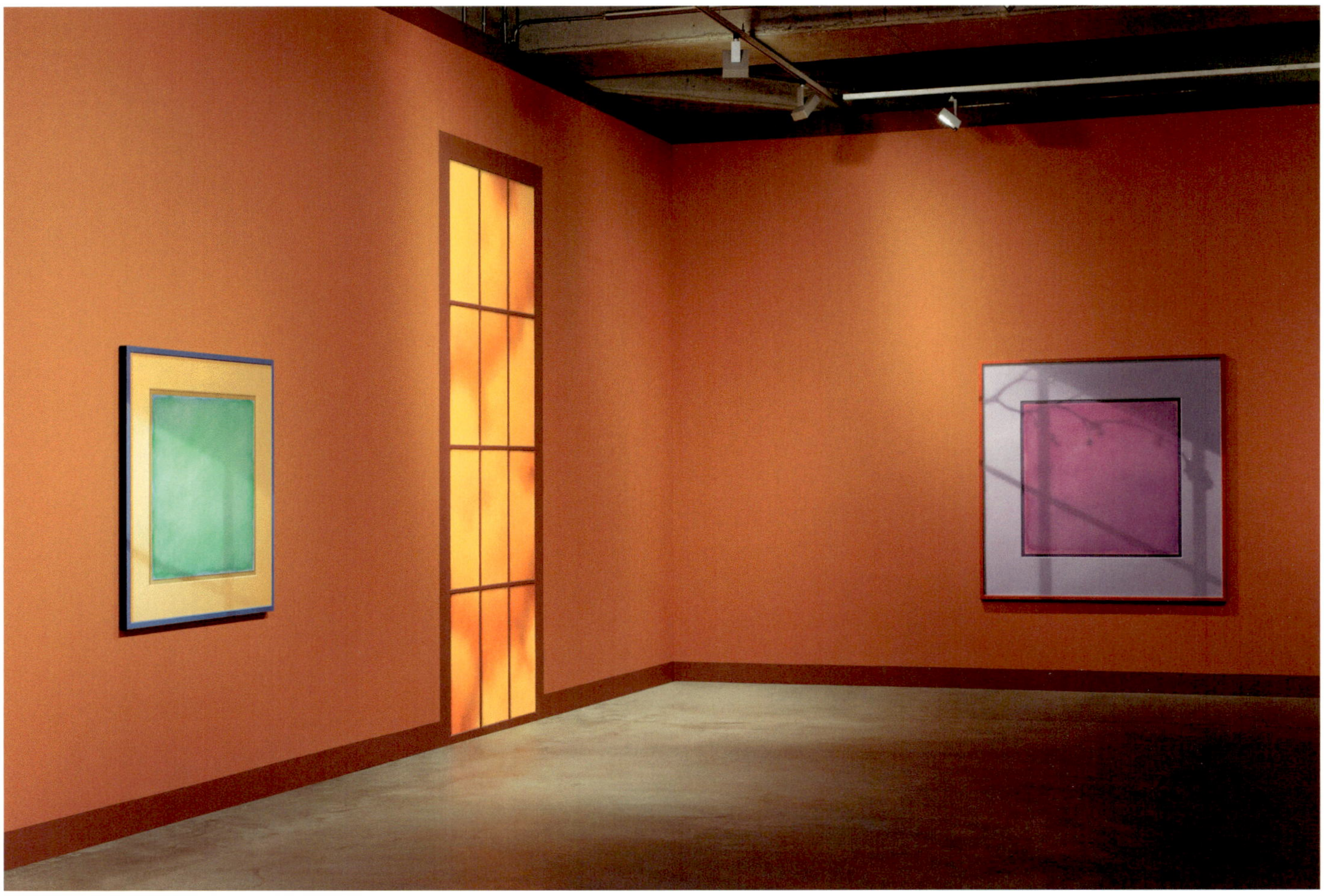

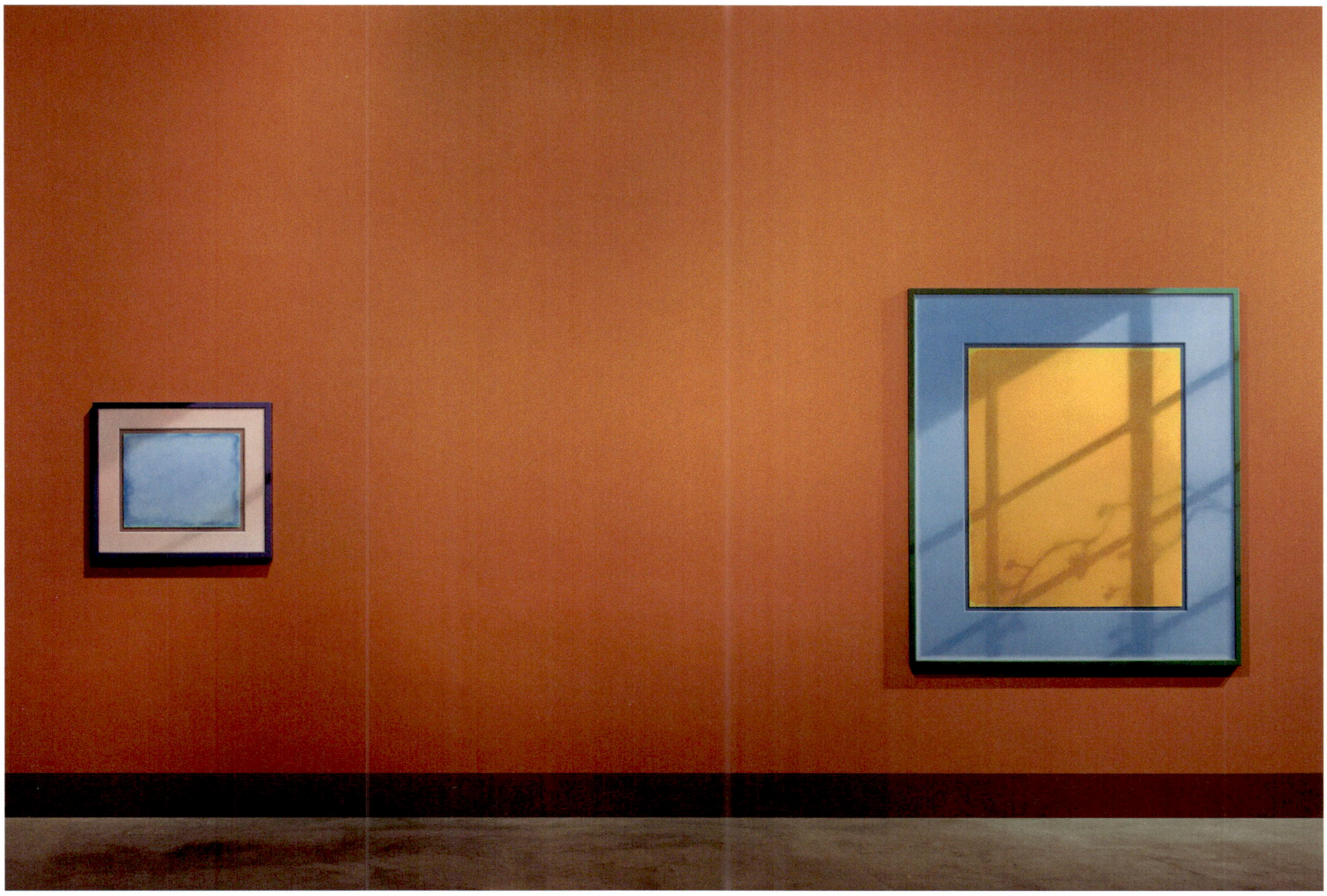

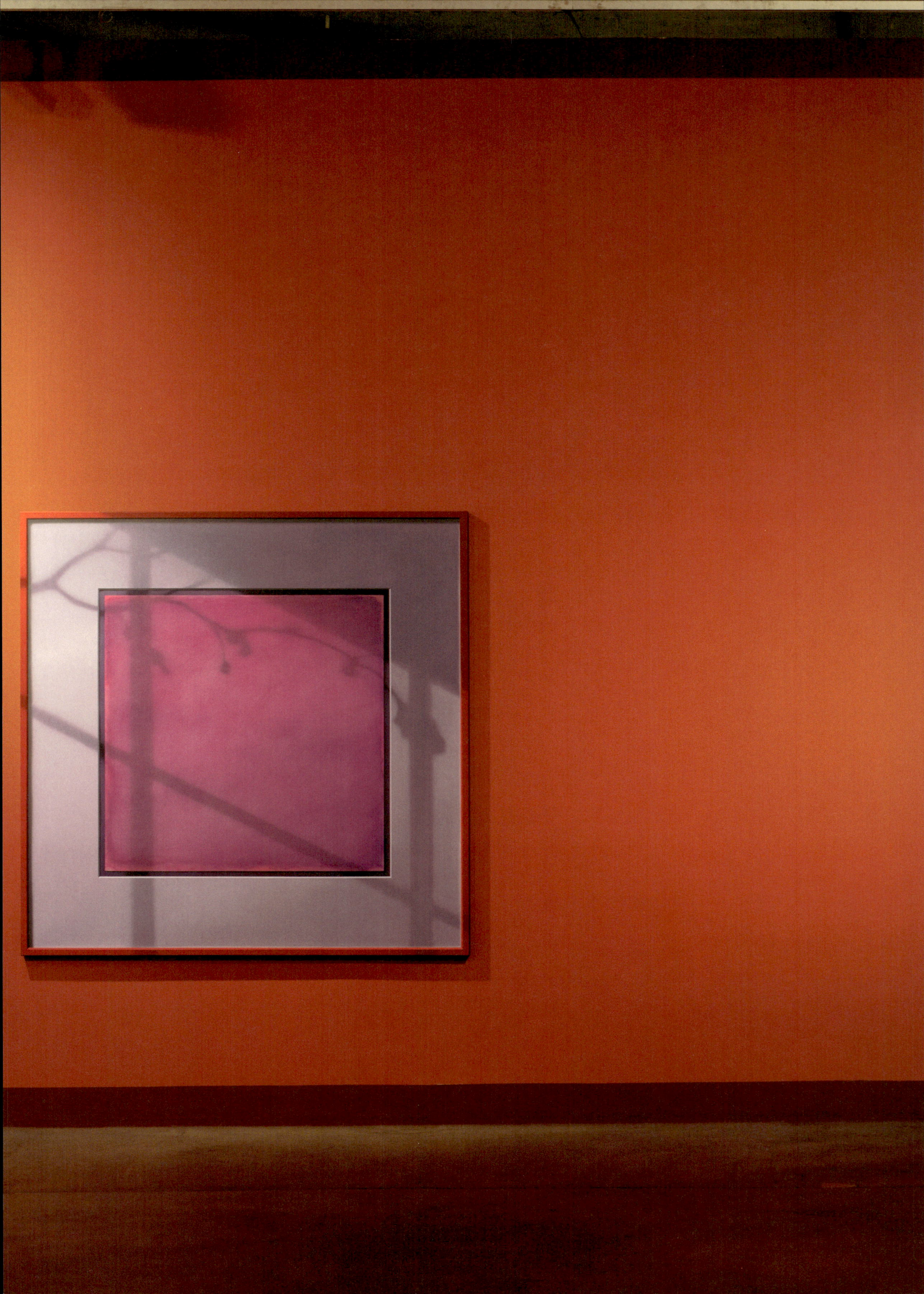

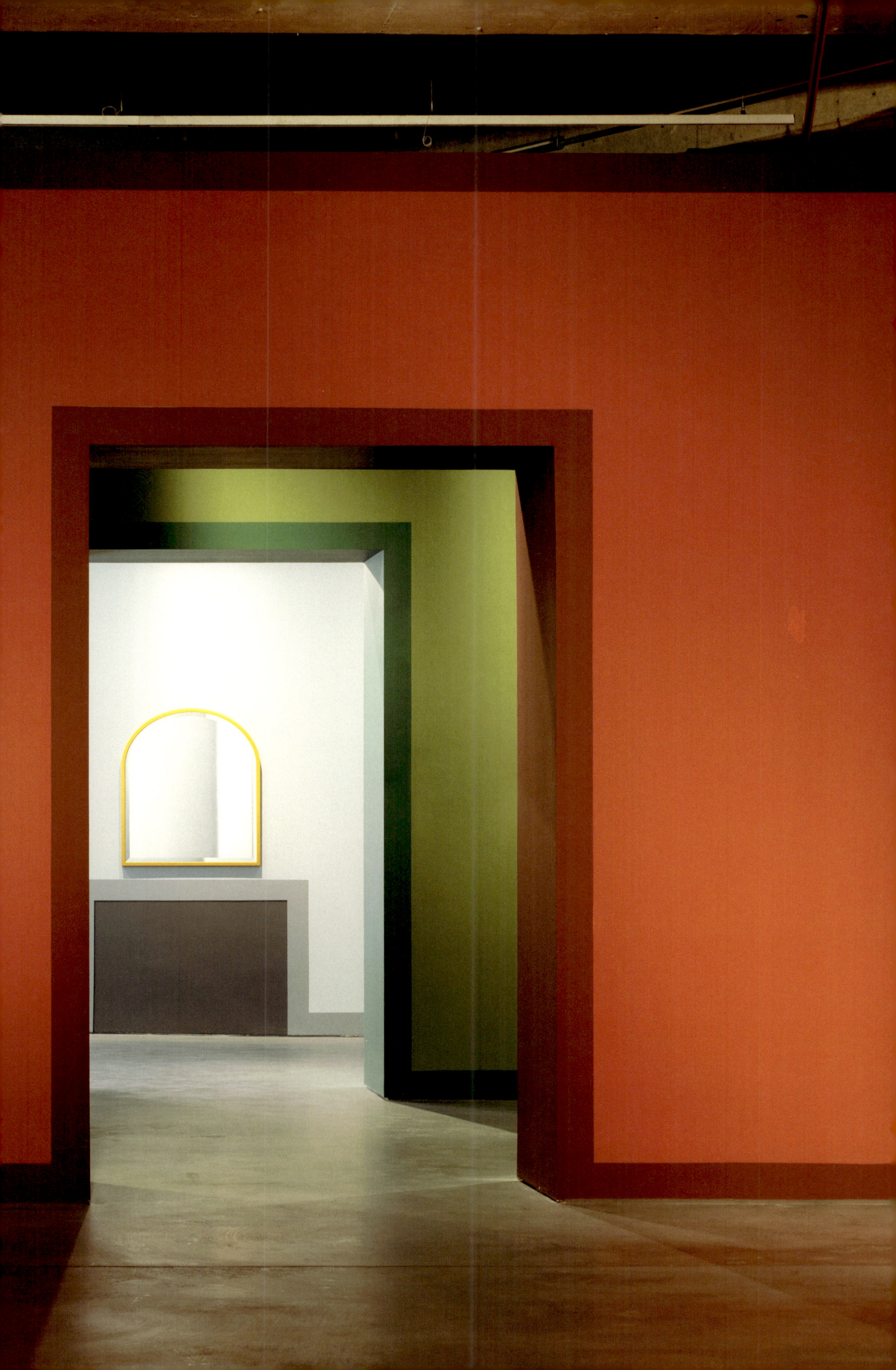

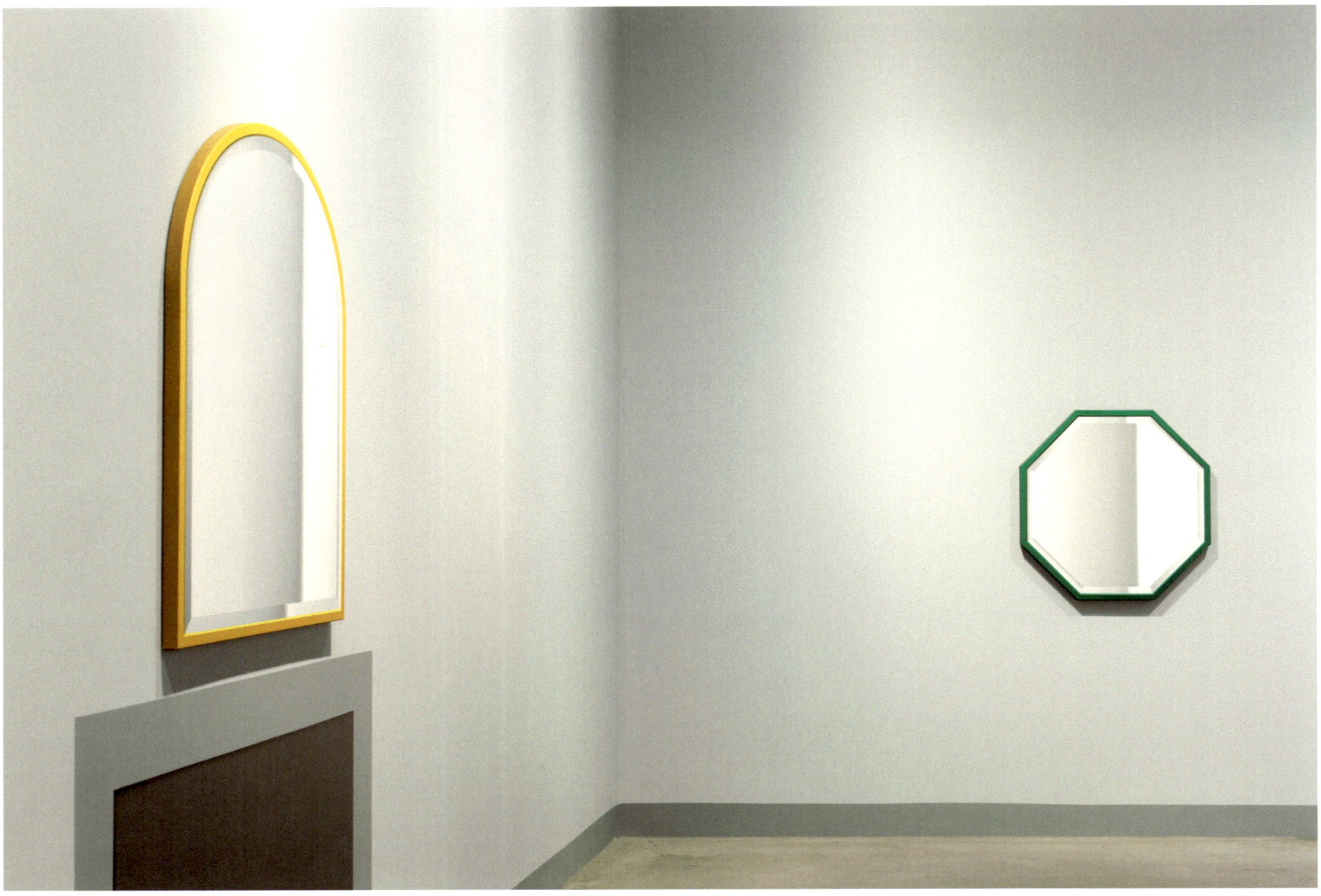

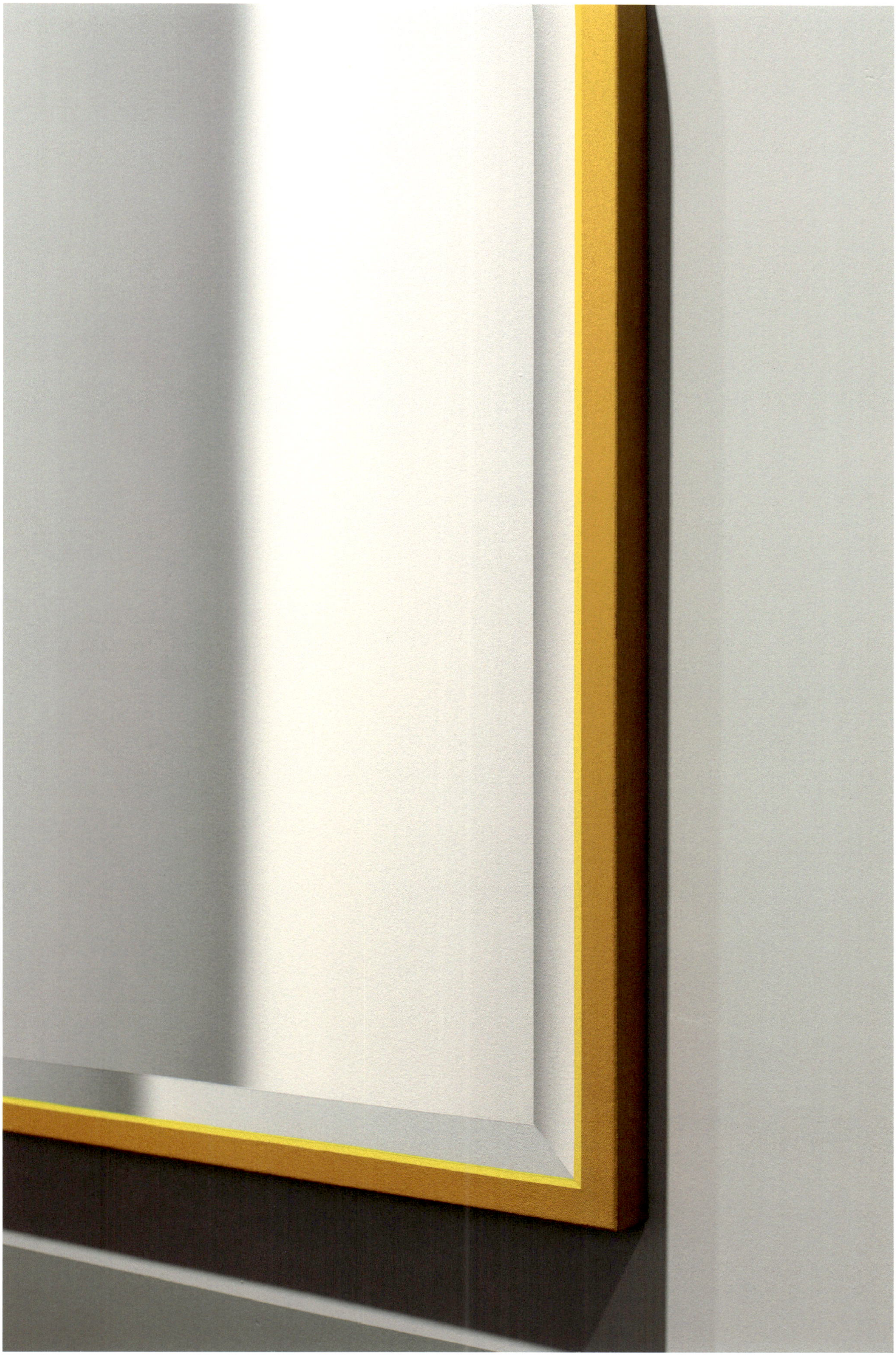

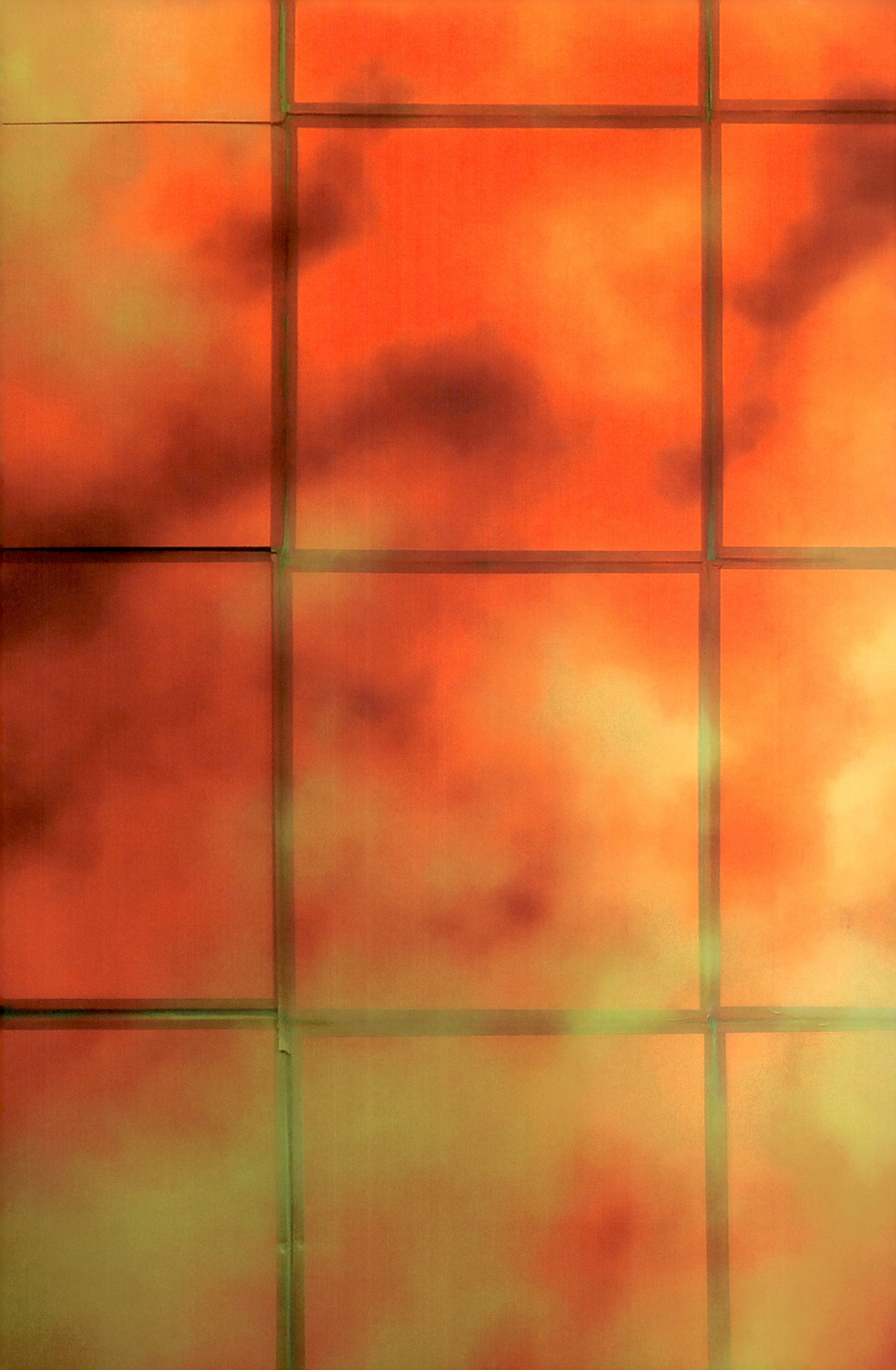

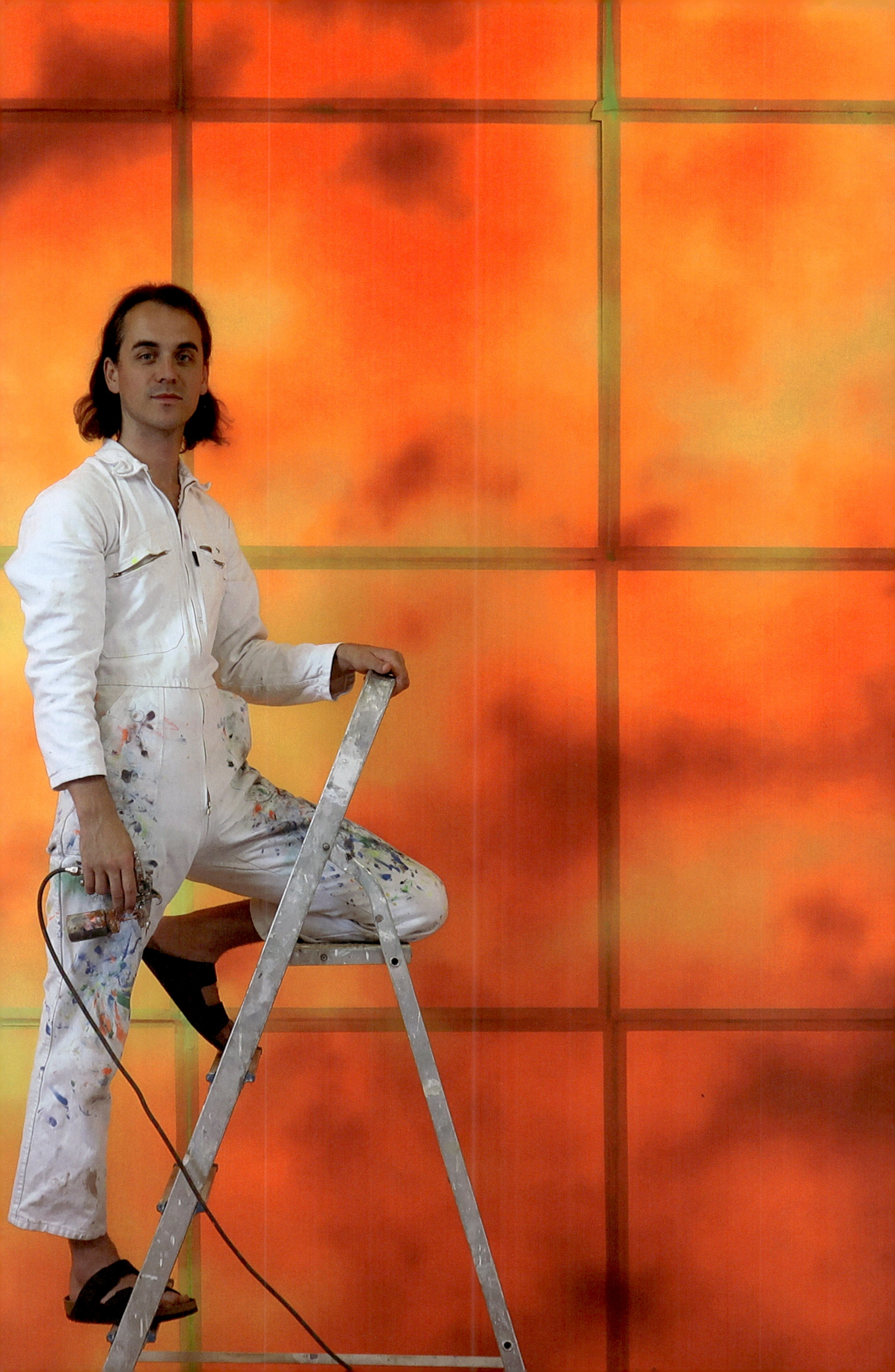

Pastoral, 2022
Tuval üzerine yağlıboya I Oil on canvas
120 × 130 cm

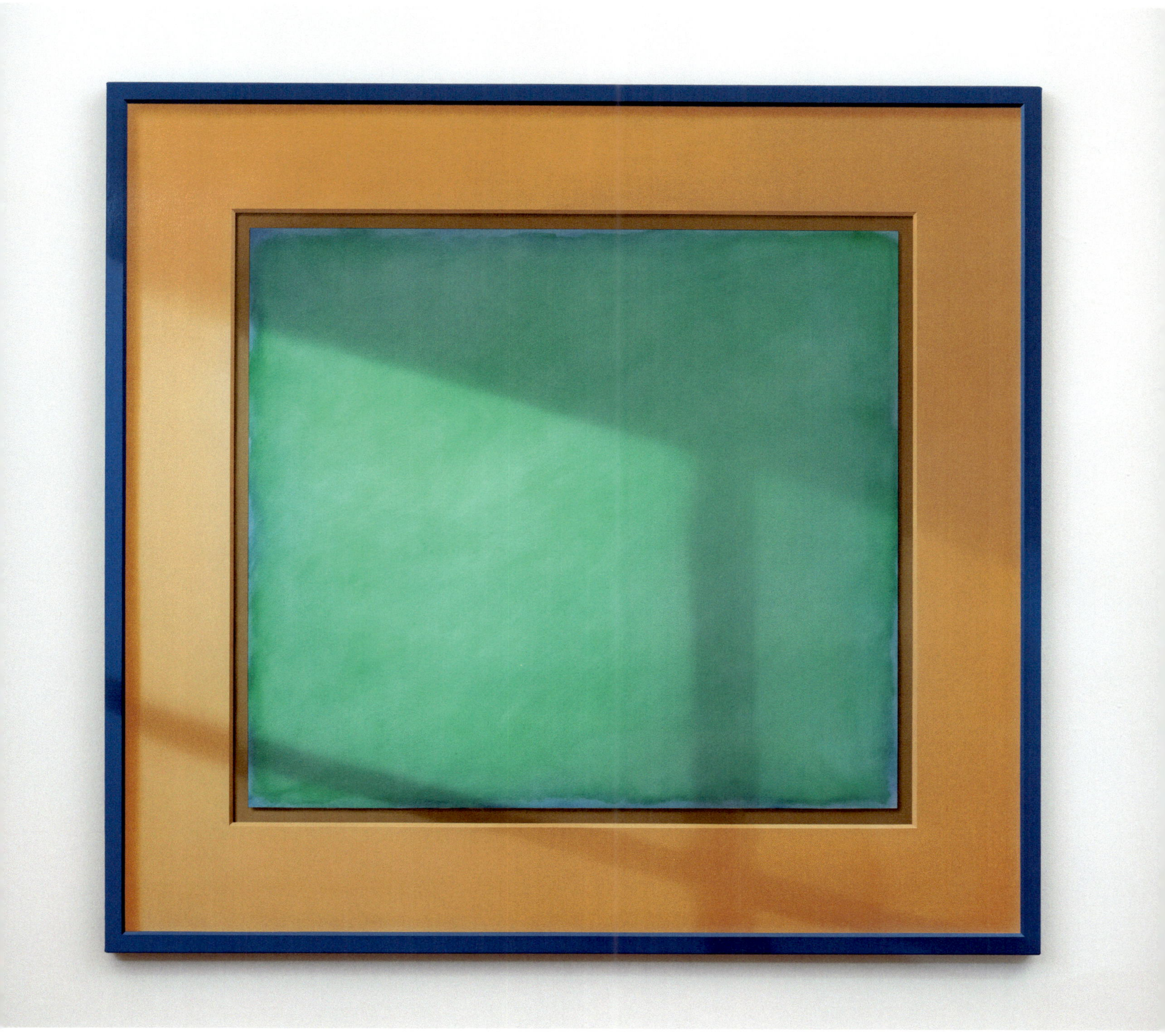

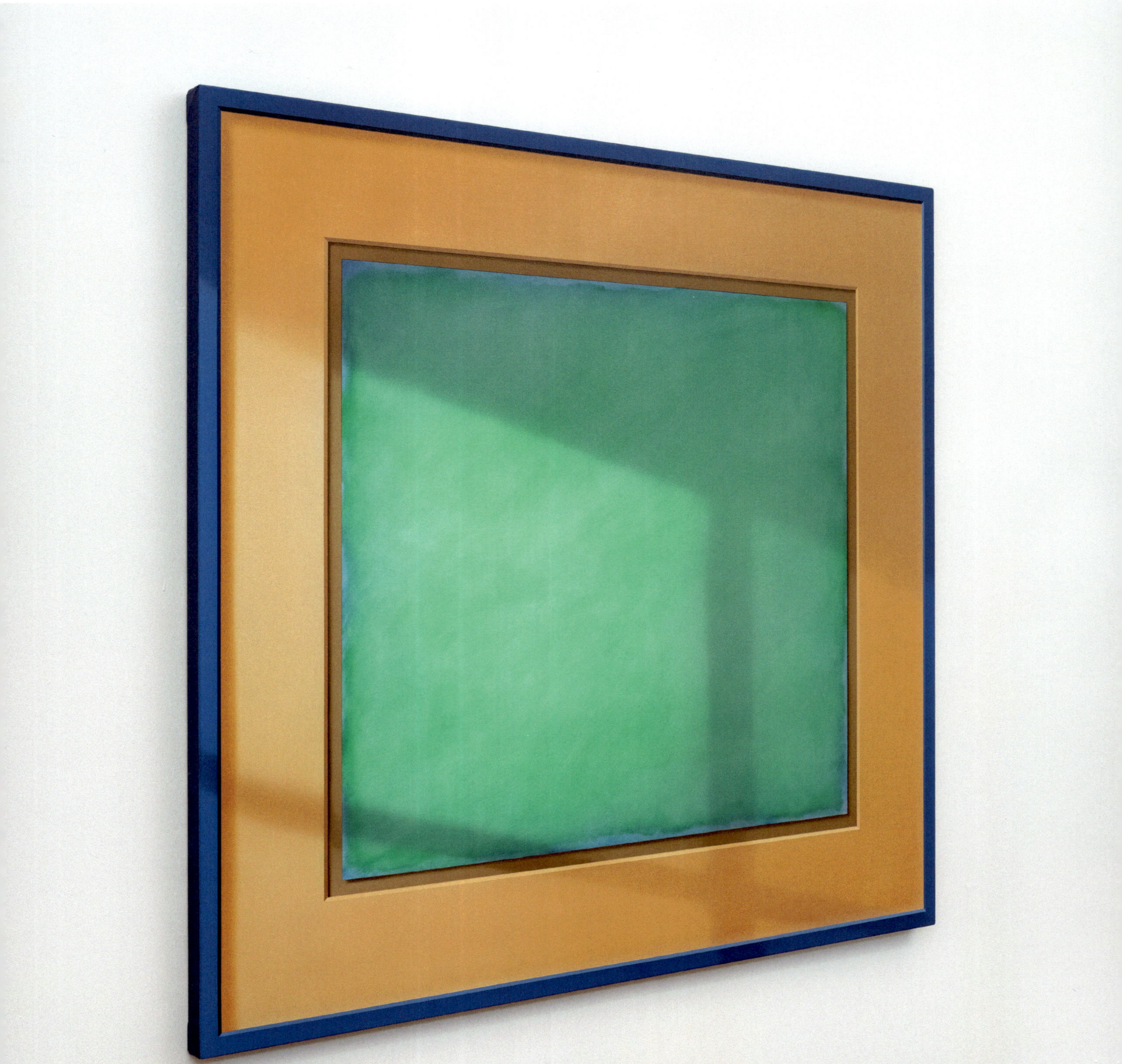

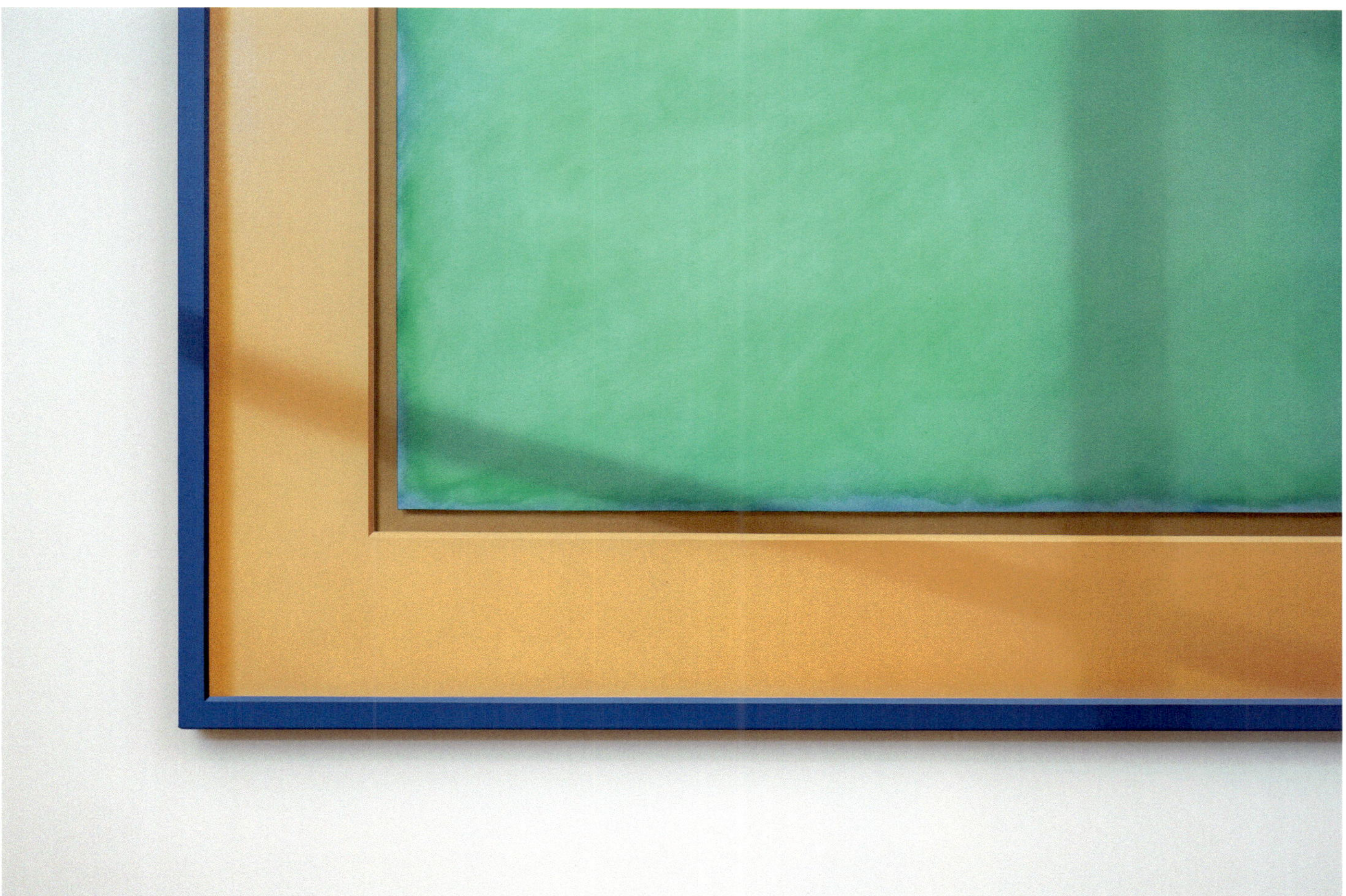

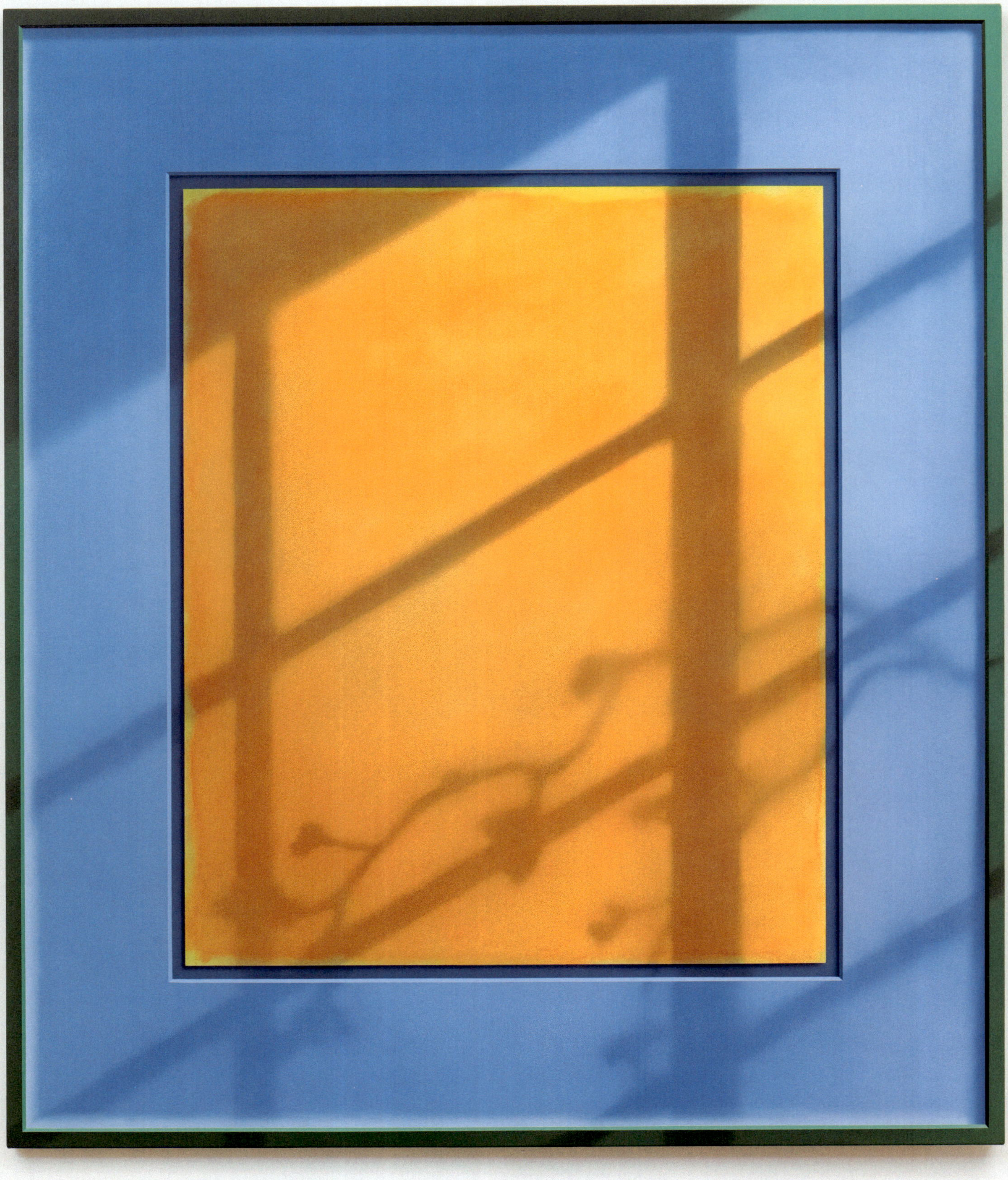

Late Afternoon, 2022
Tuval üzerine yağlıboya | Oil on canvas
170 × 150 cm

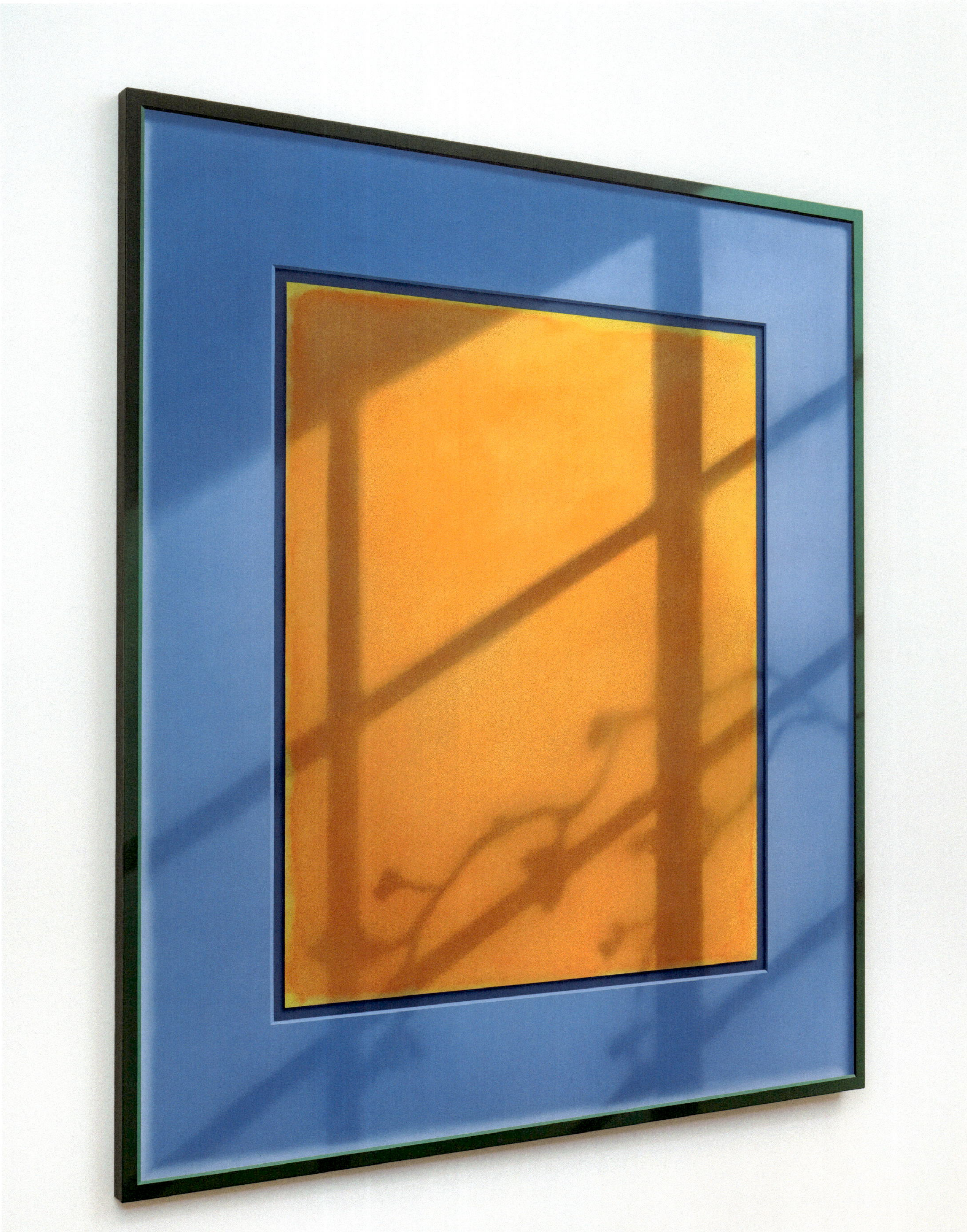

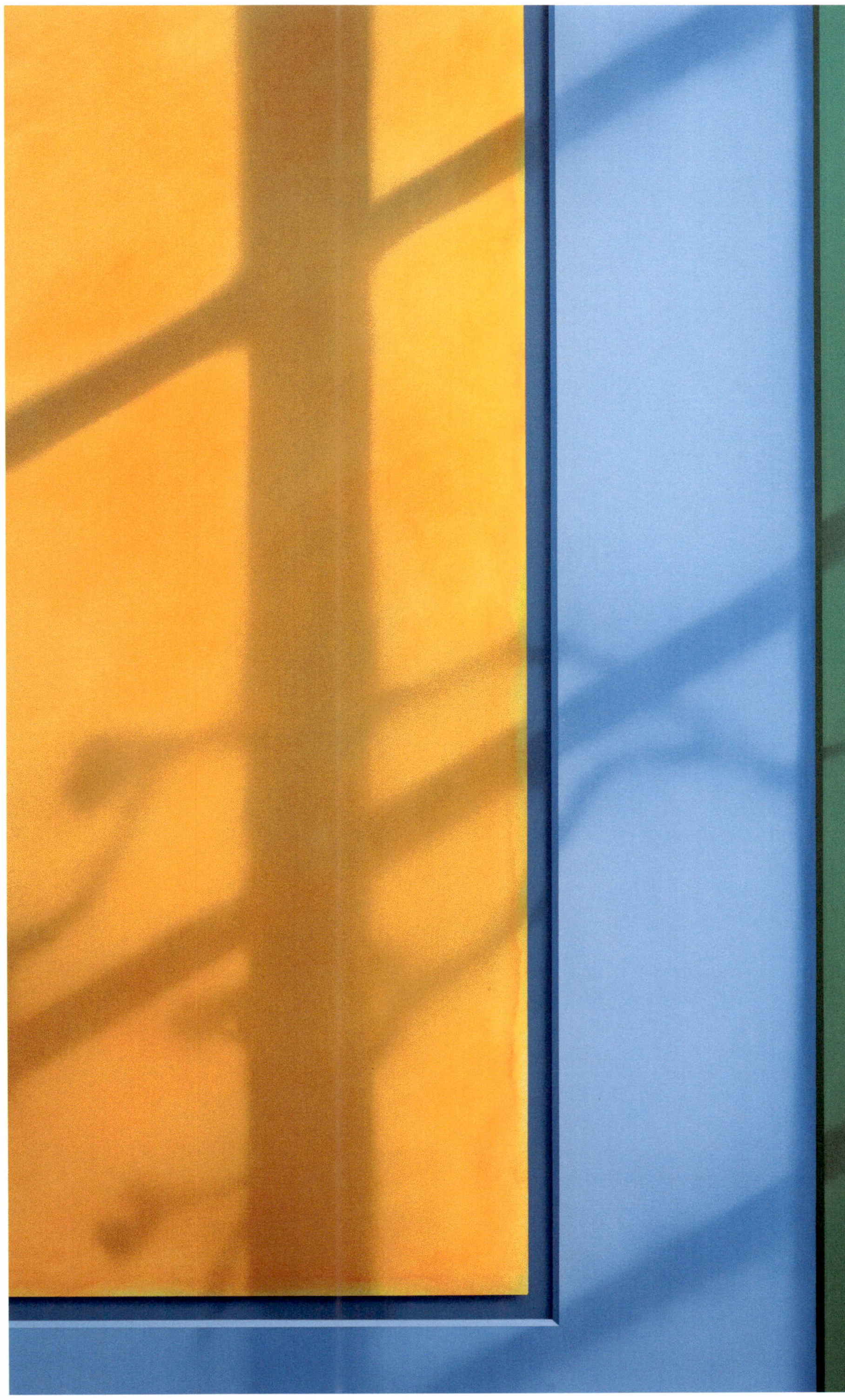

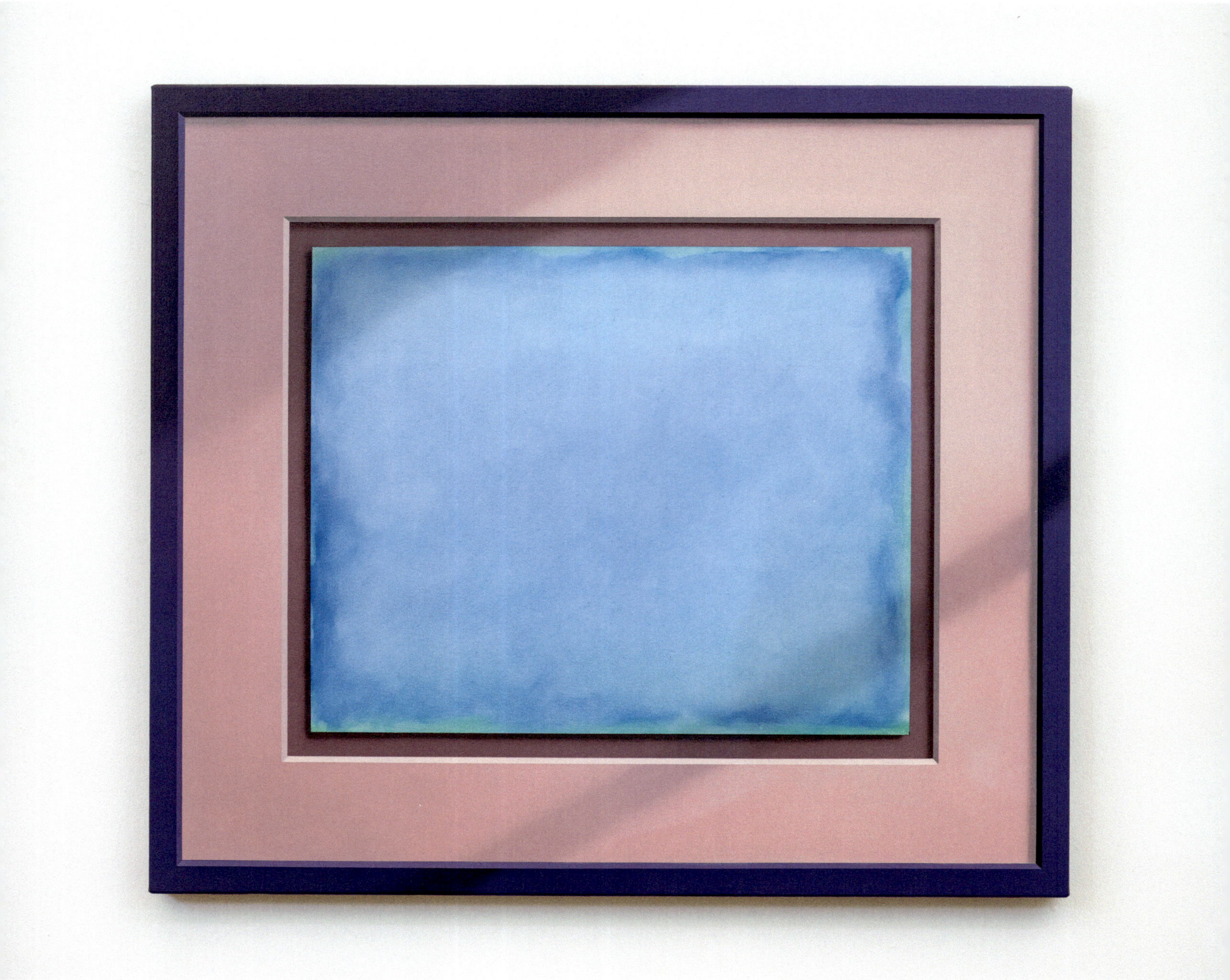

Last Light, 2022
Tuval üzerine yağlıboya | Oil on canvas
70 × 80 cm

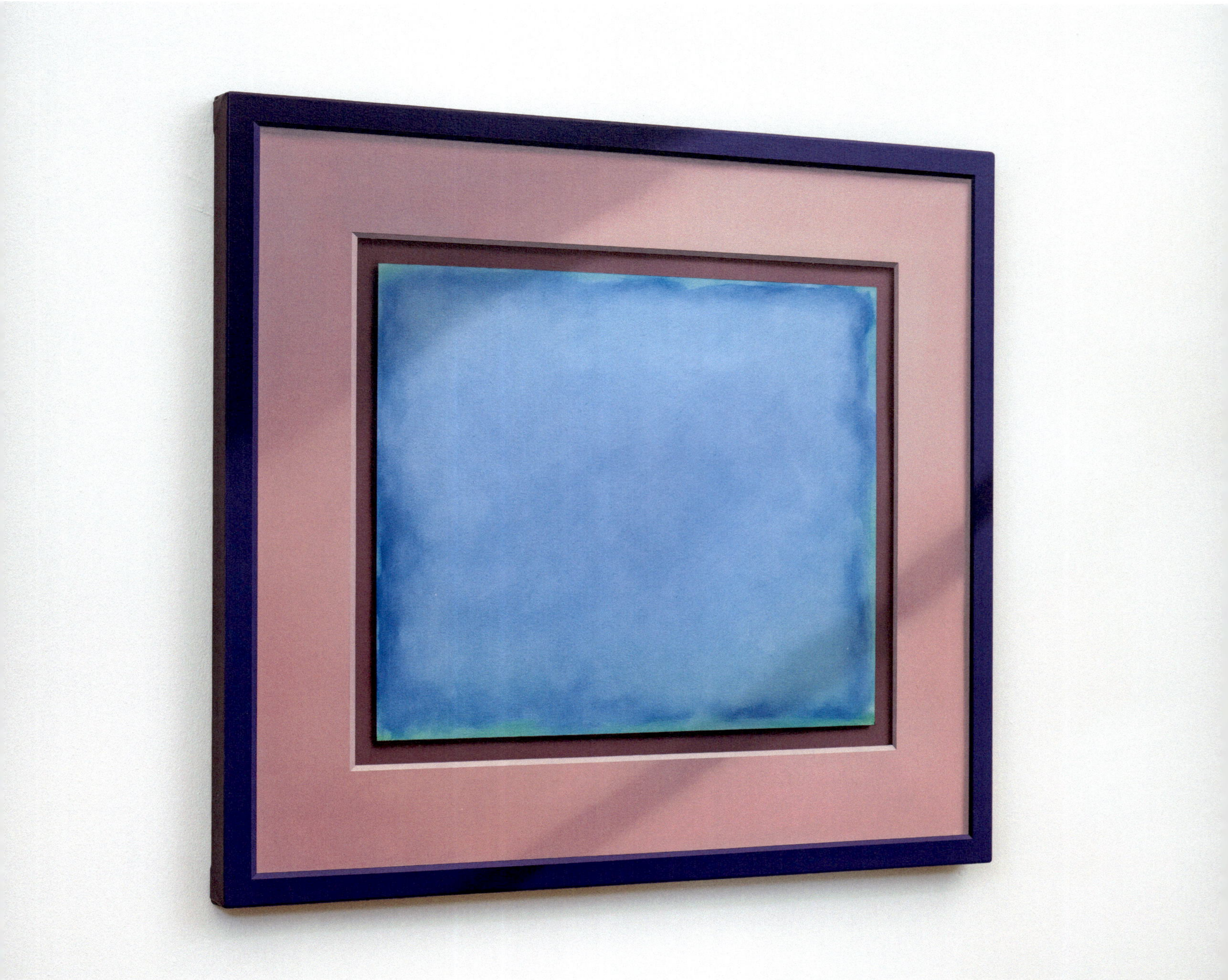

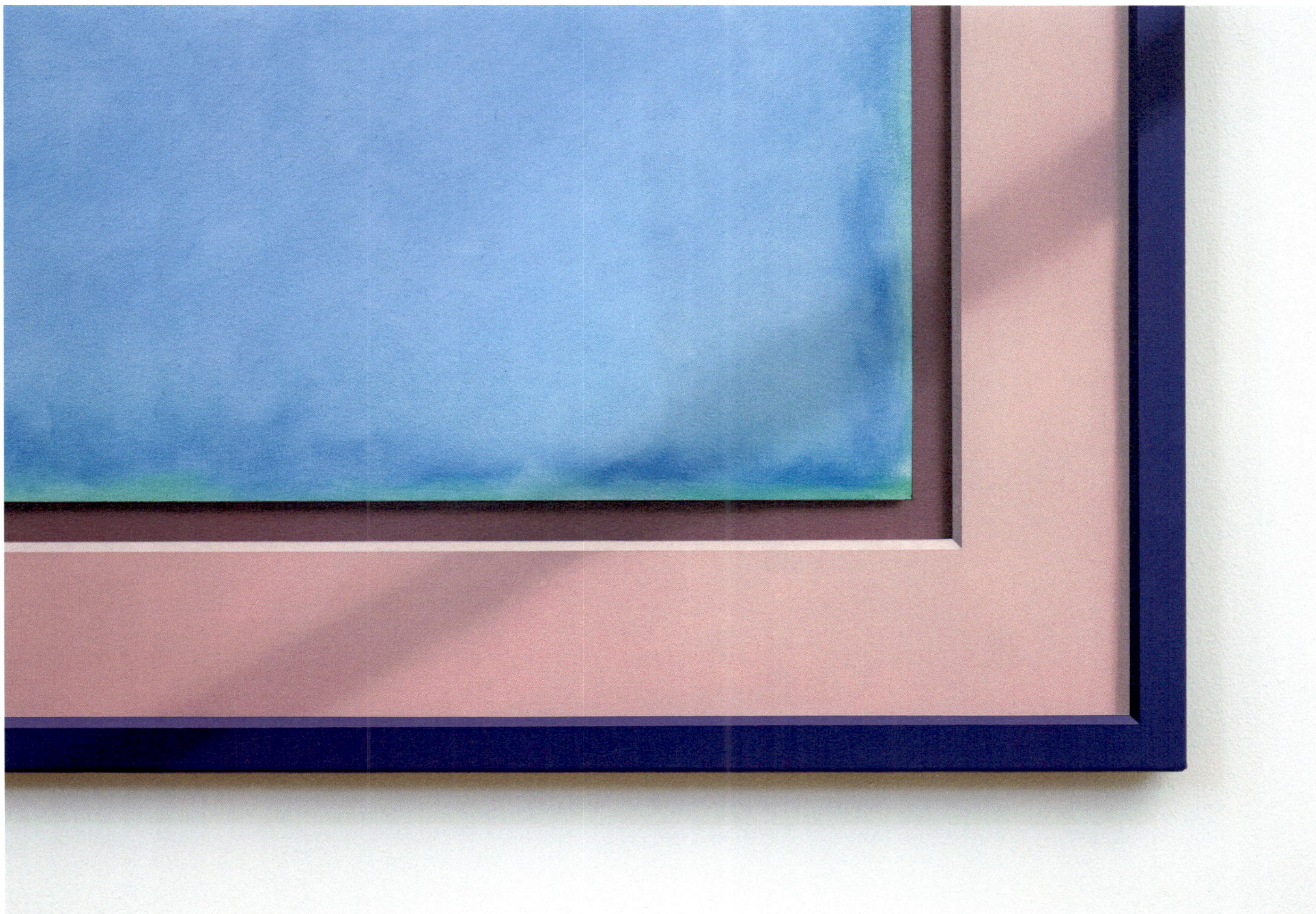

Winter Garden, 2022 .
Tuval üzerine yağlıboya | Oil on canvas
170 × 170 cm

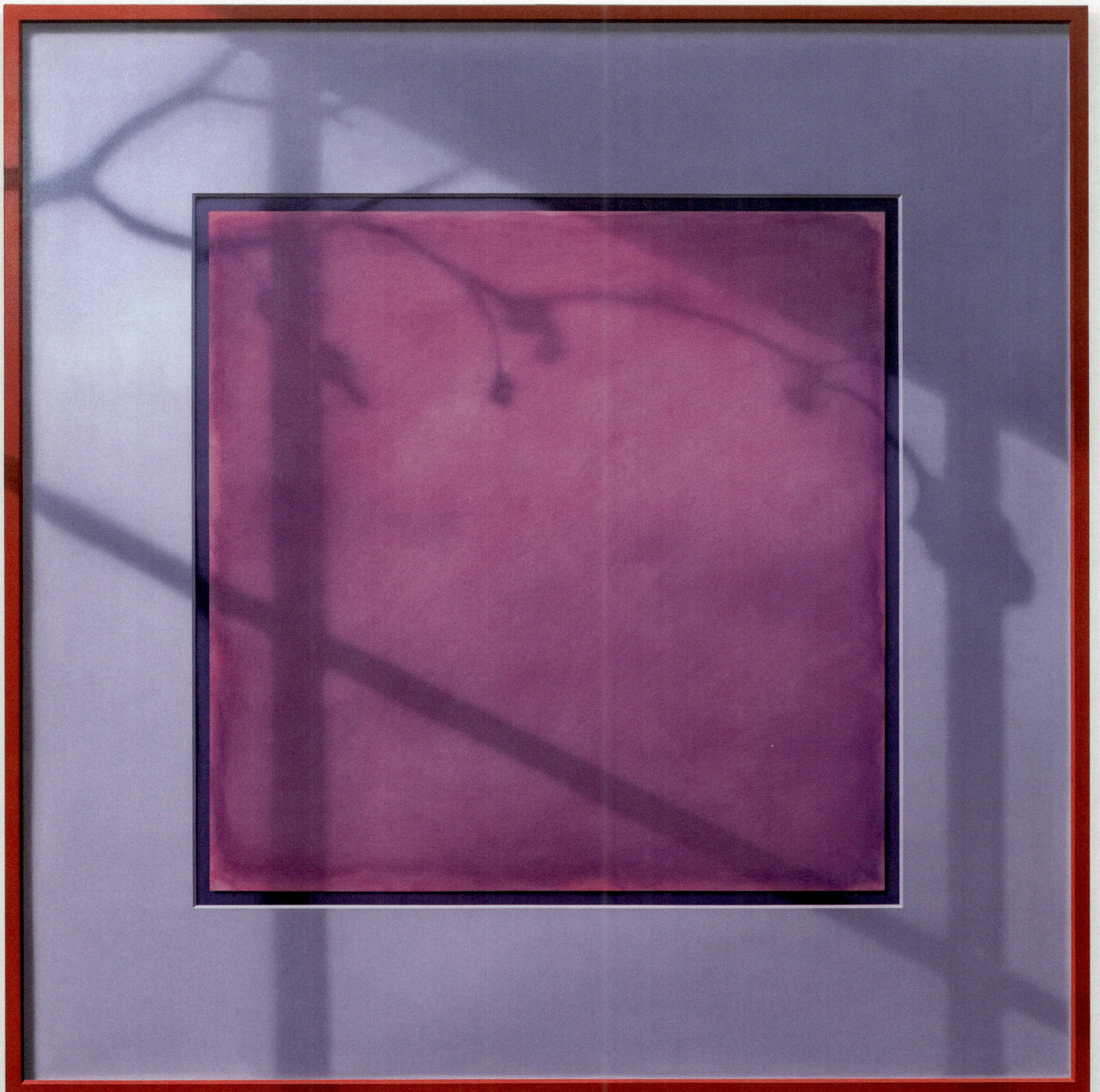

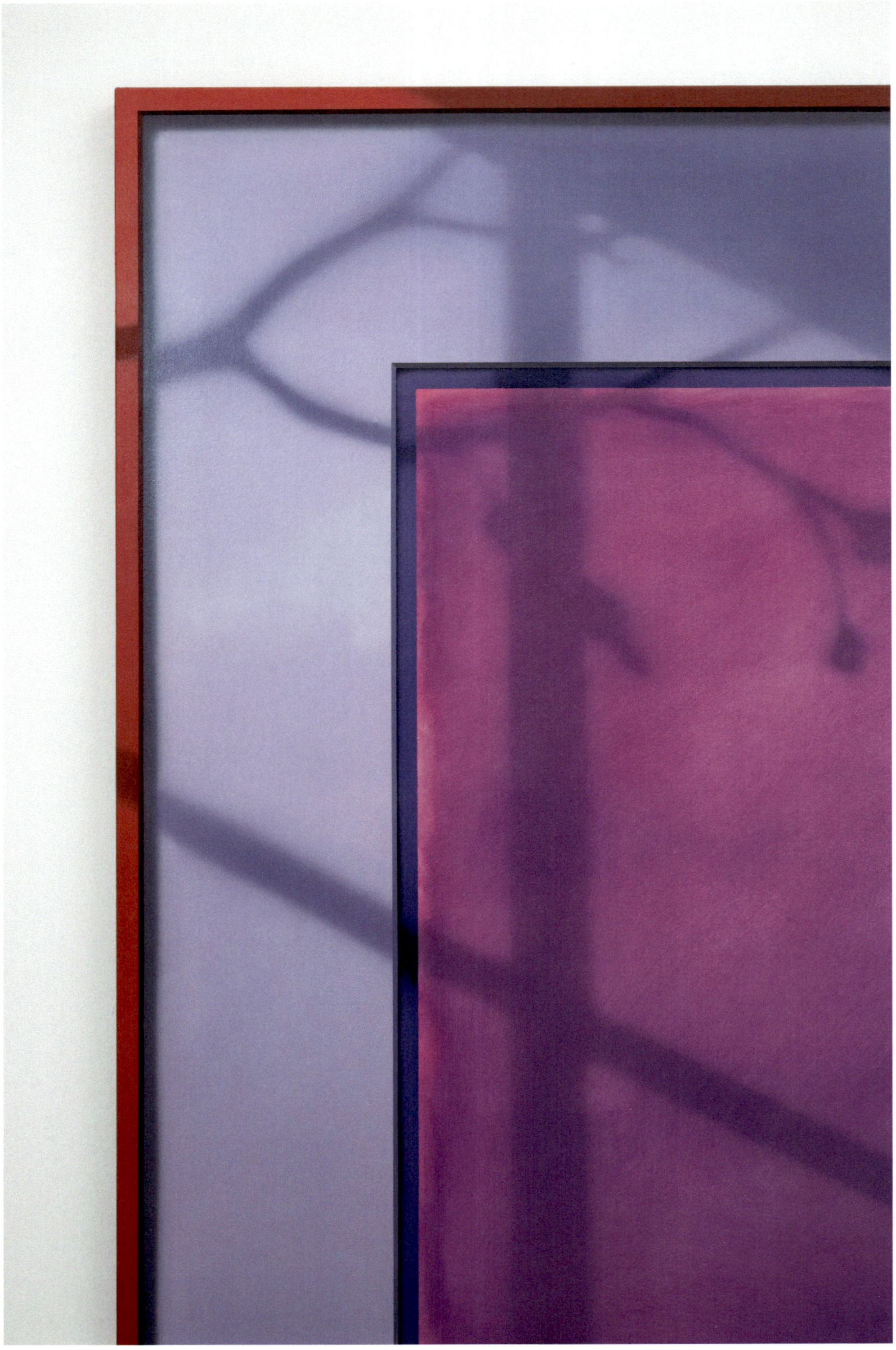

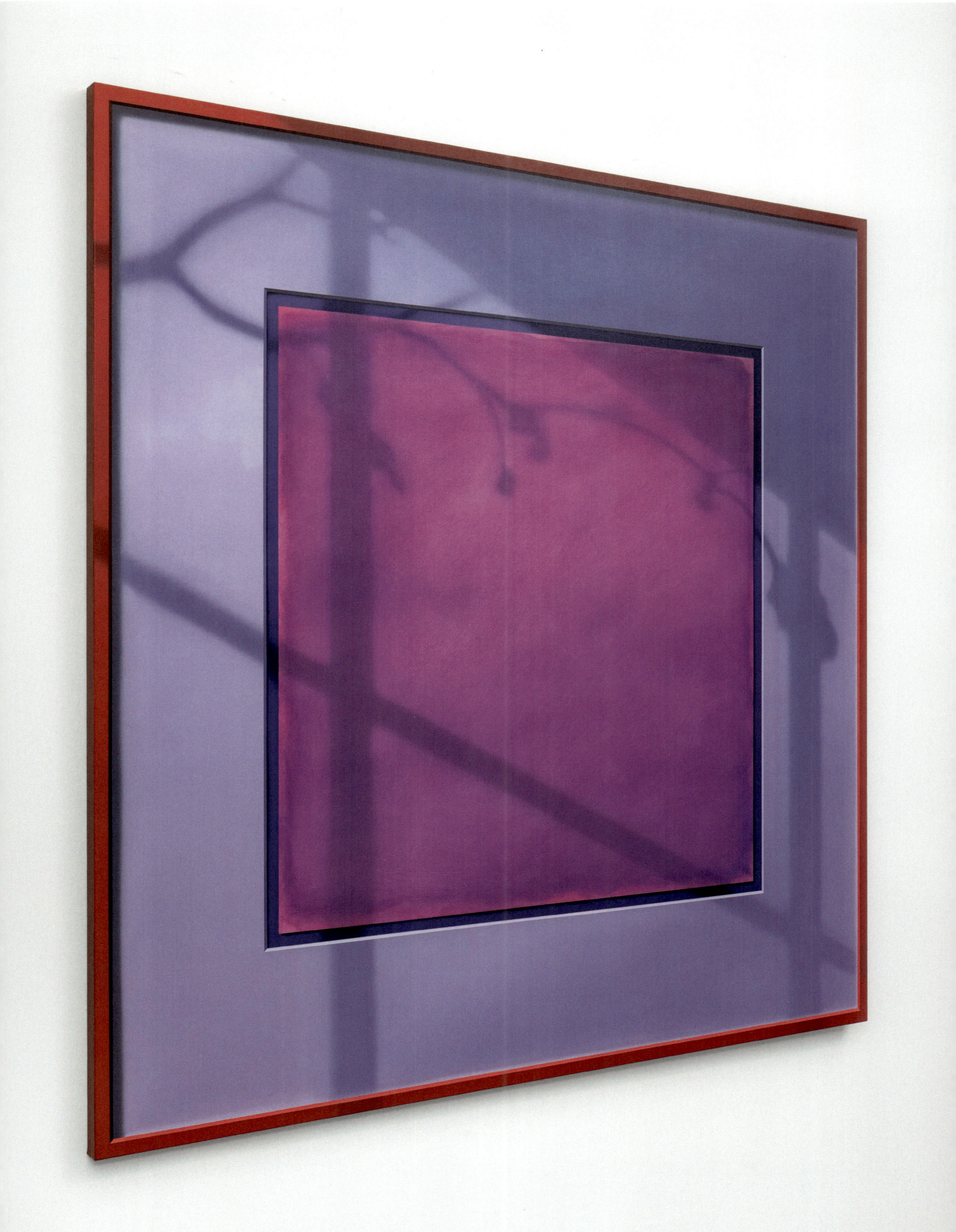

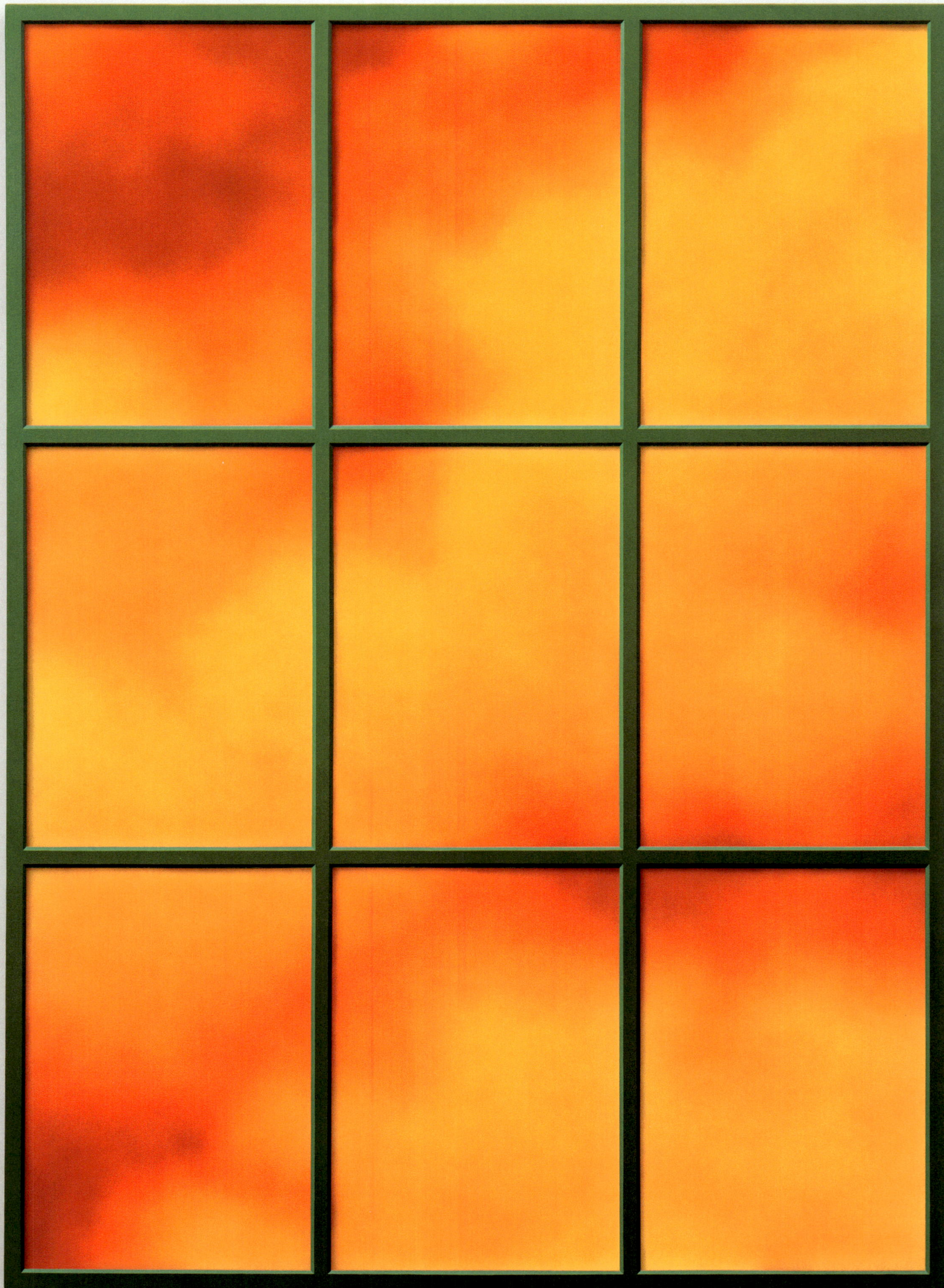

The View, 2022
Tuval üzerine yağlıboya ve akrilik | Oil and acrylic on canvas
190 × 140 cm

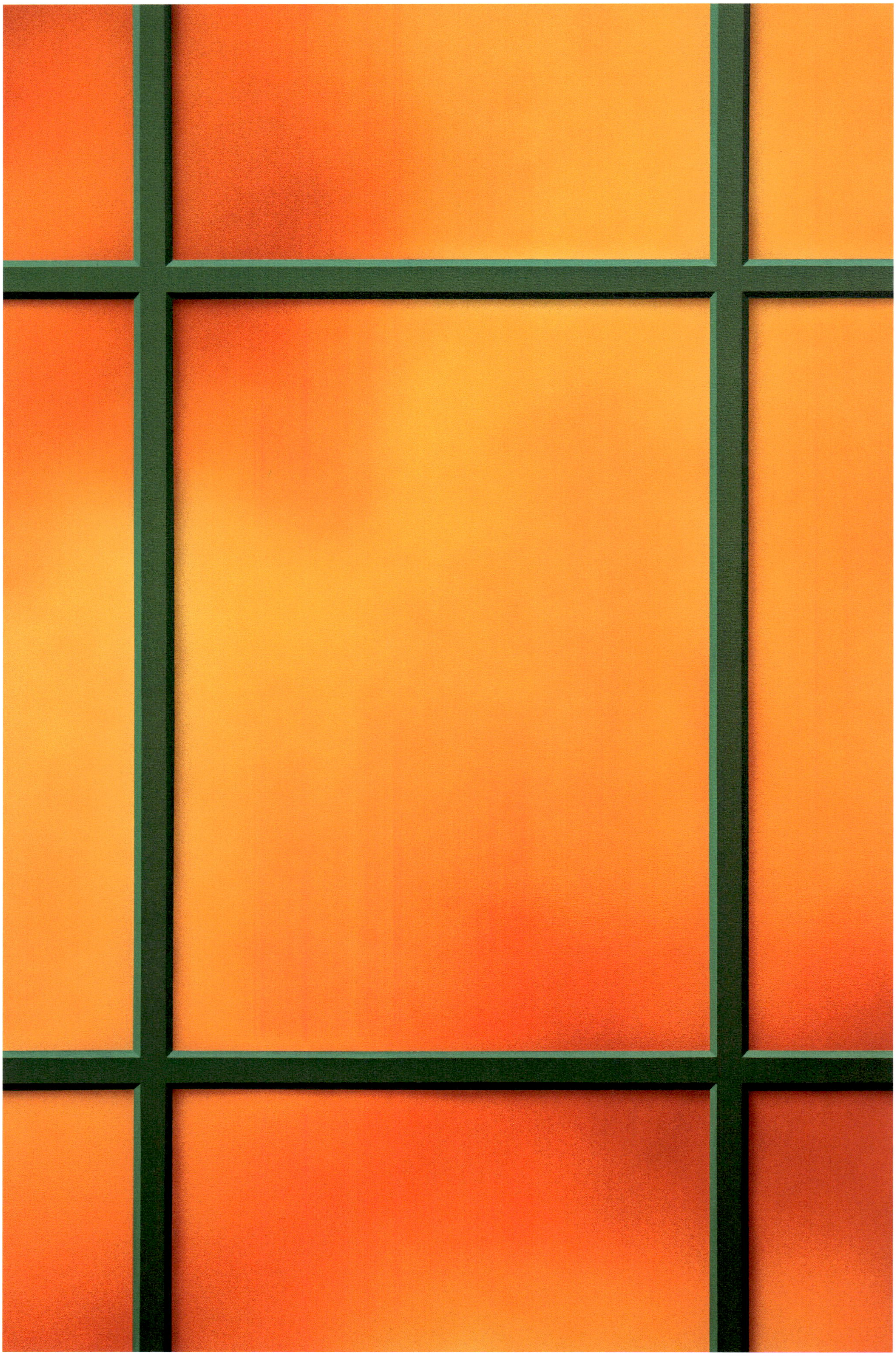

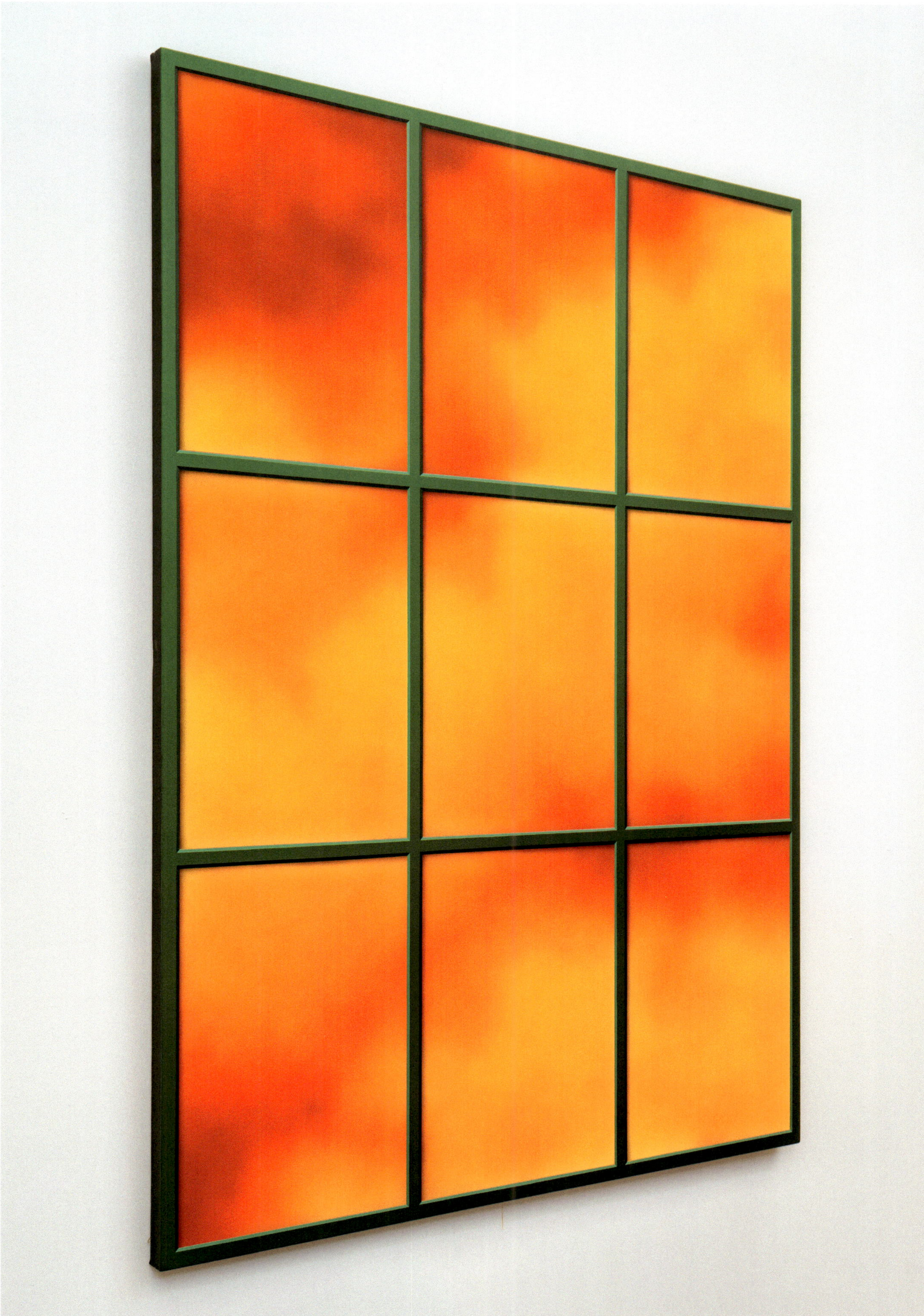

Interior-Anterior, 2022
Tuval üzerine yağlıboya I Oil on canvas
115 × 100 cm

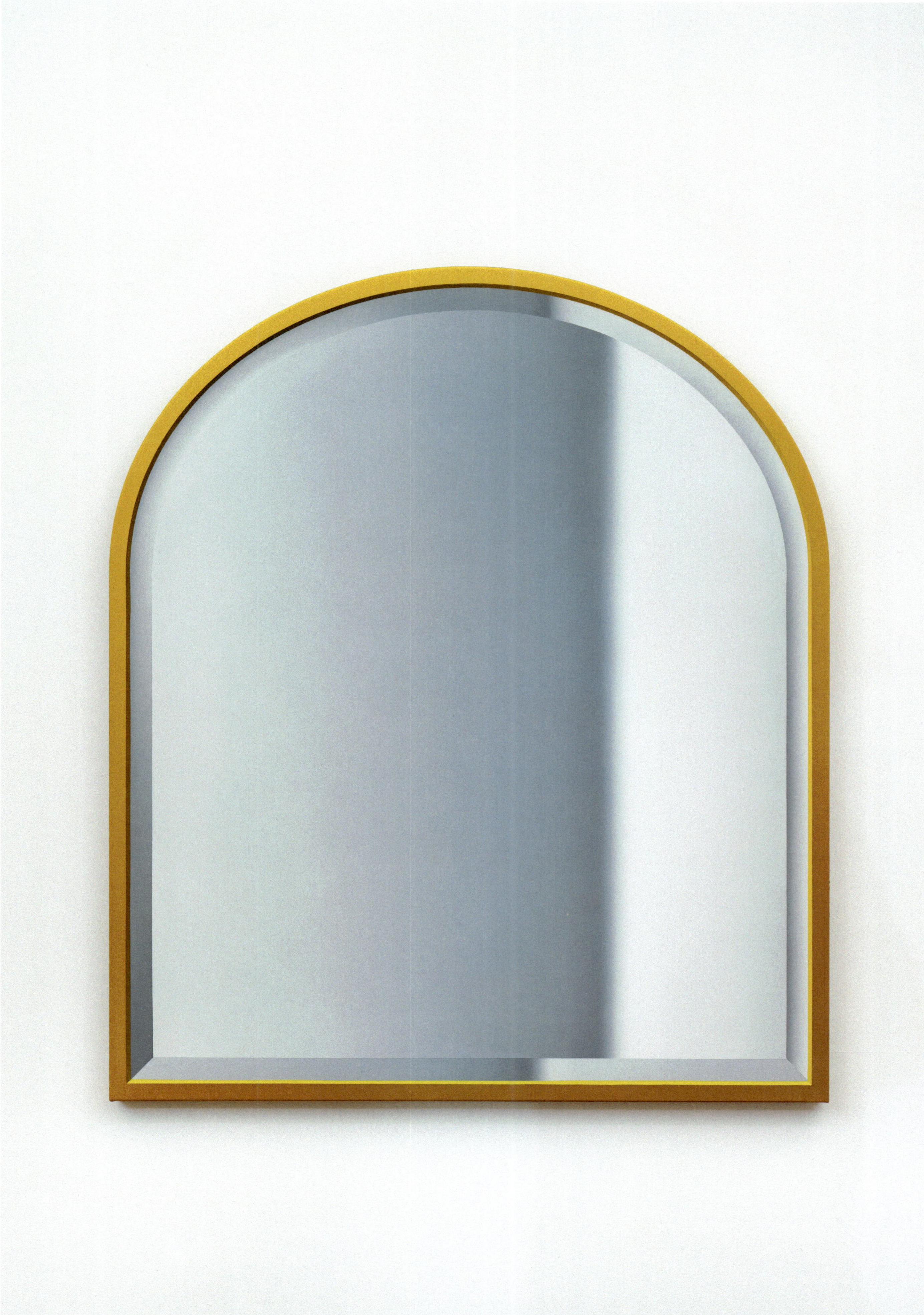

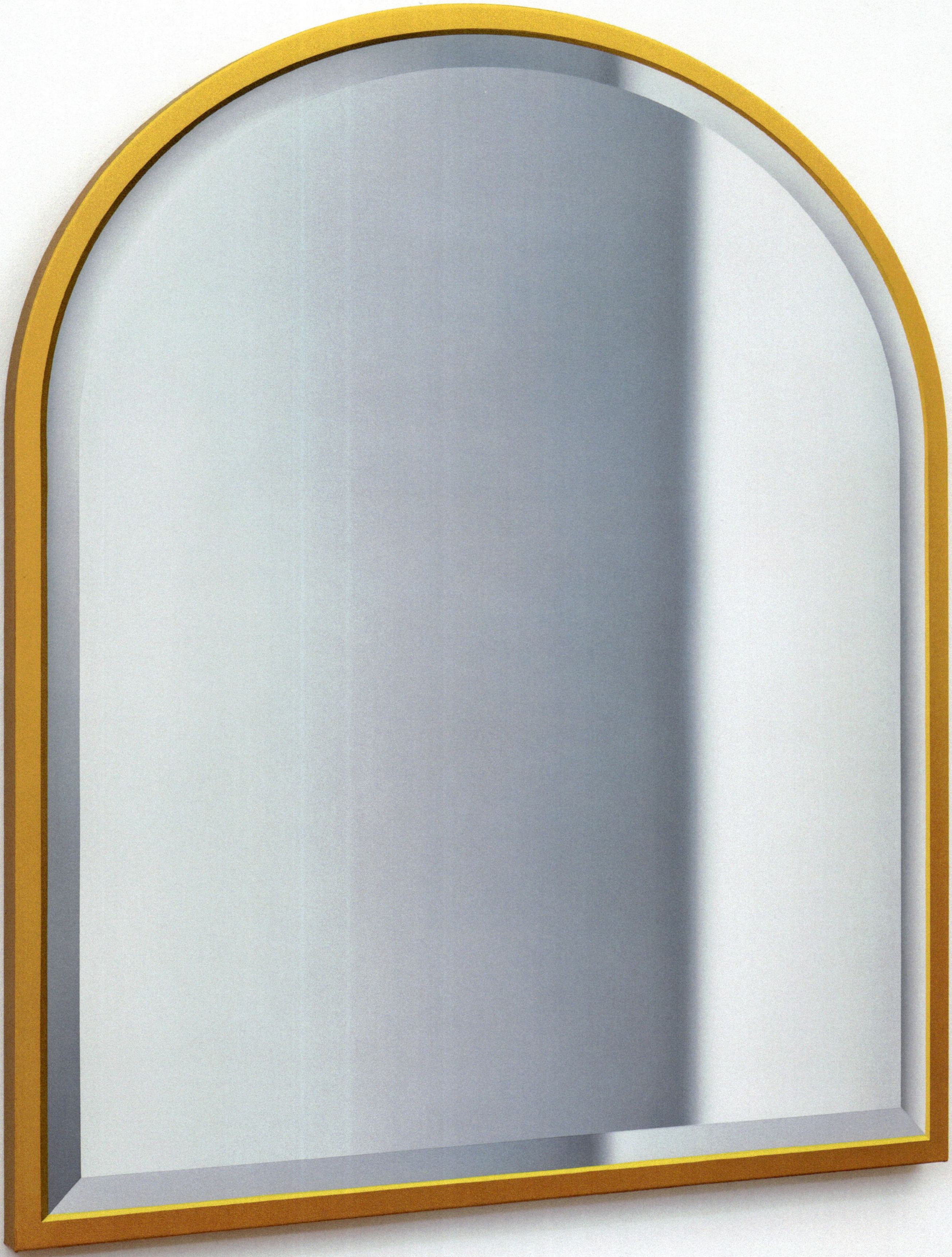

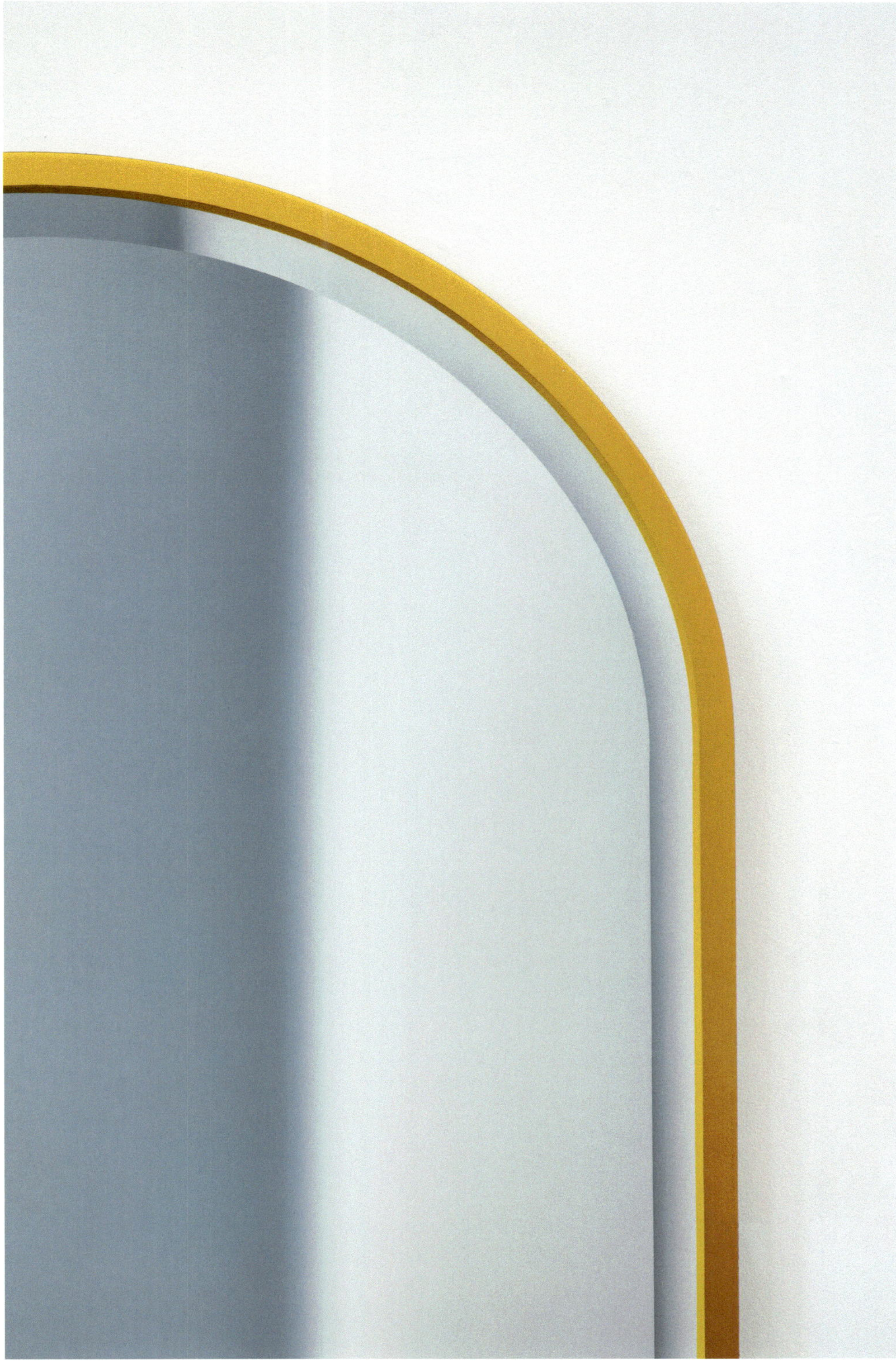

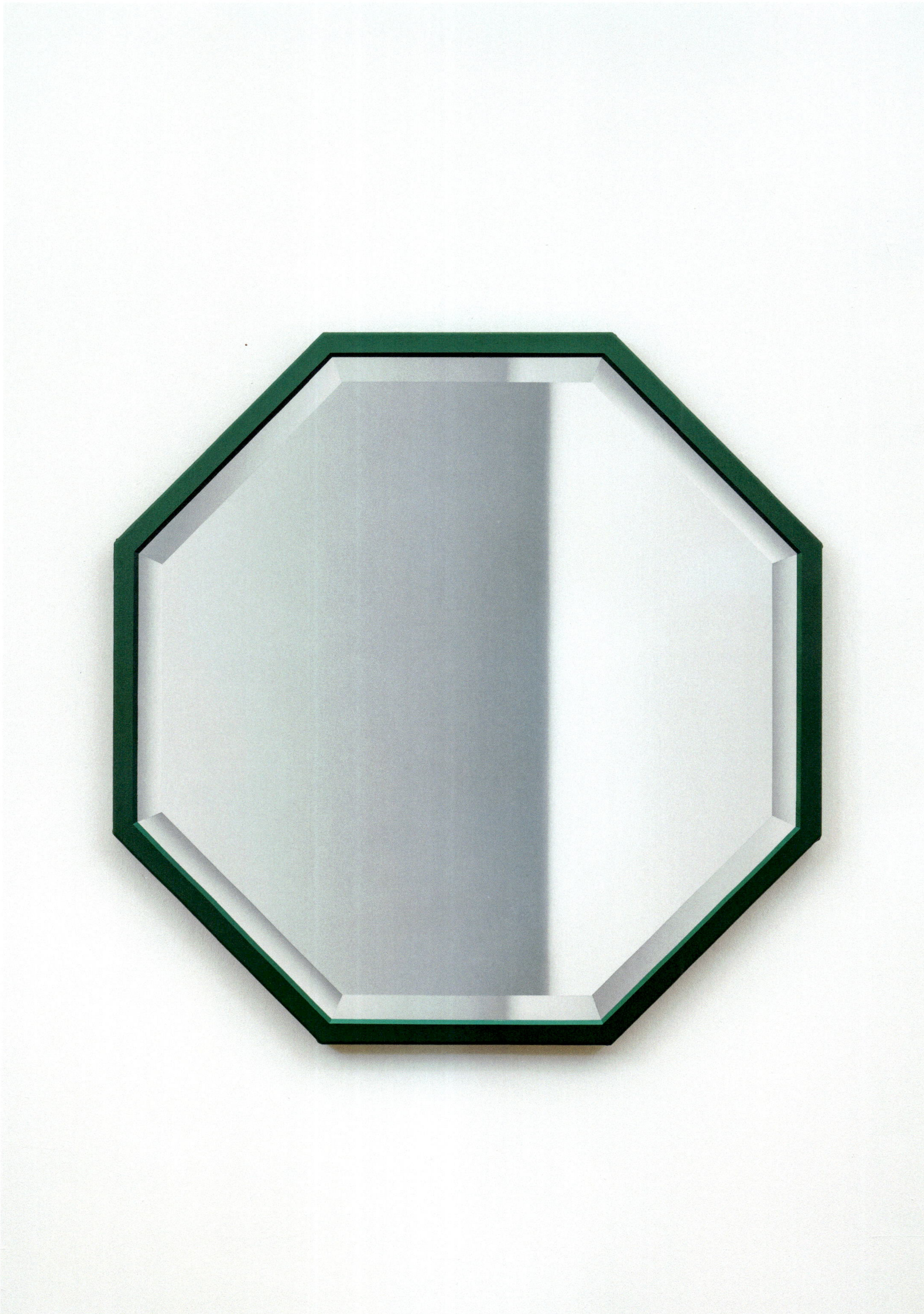

Specular Image, 2022
Tuval üzerine yağlıboya | Oil on canvas
85 × 85 cm

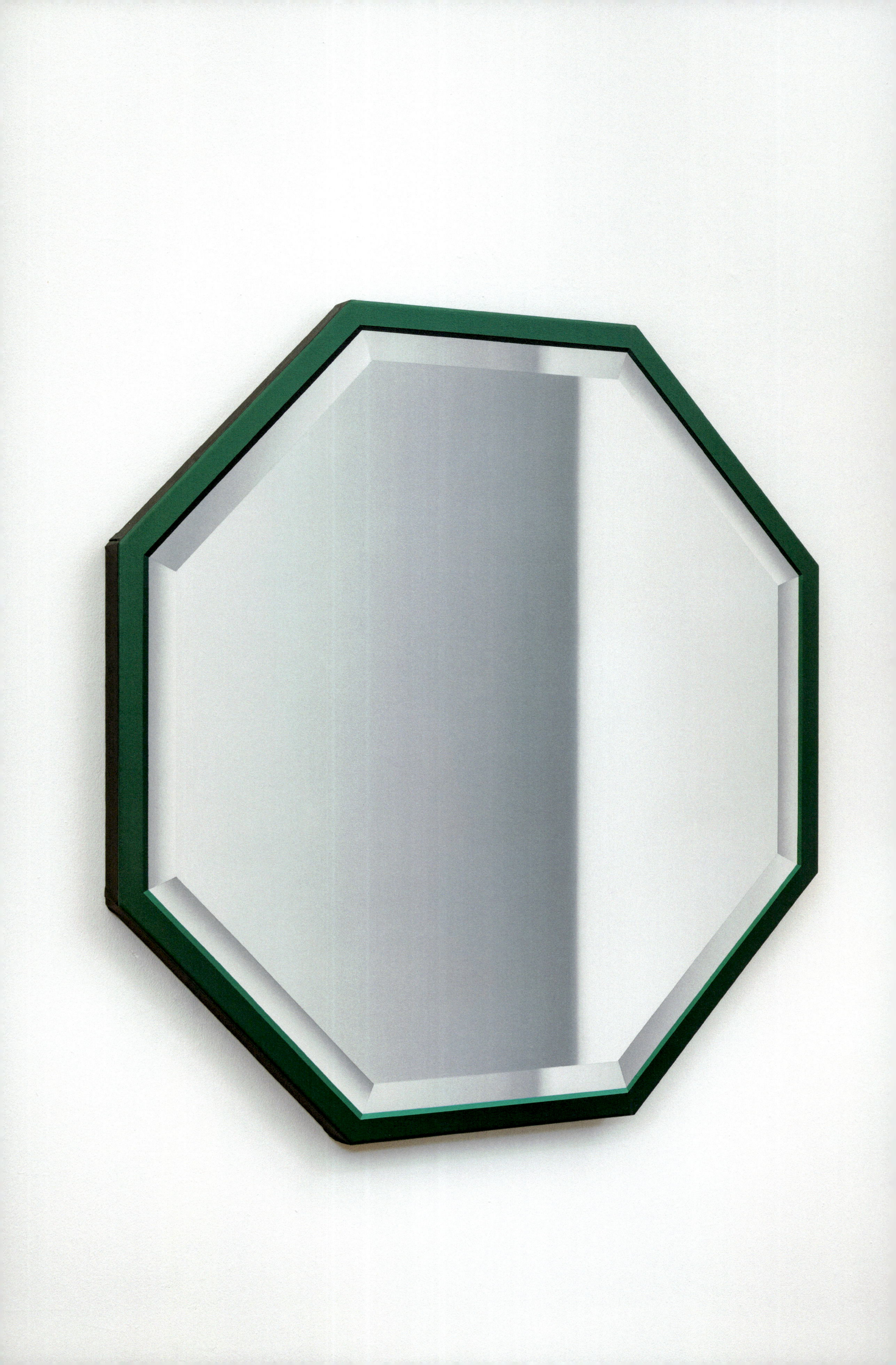

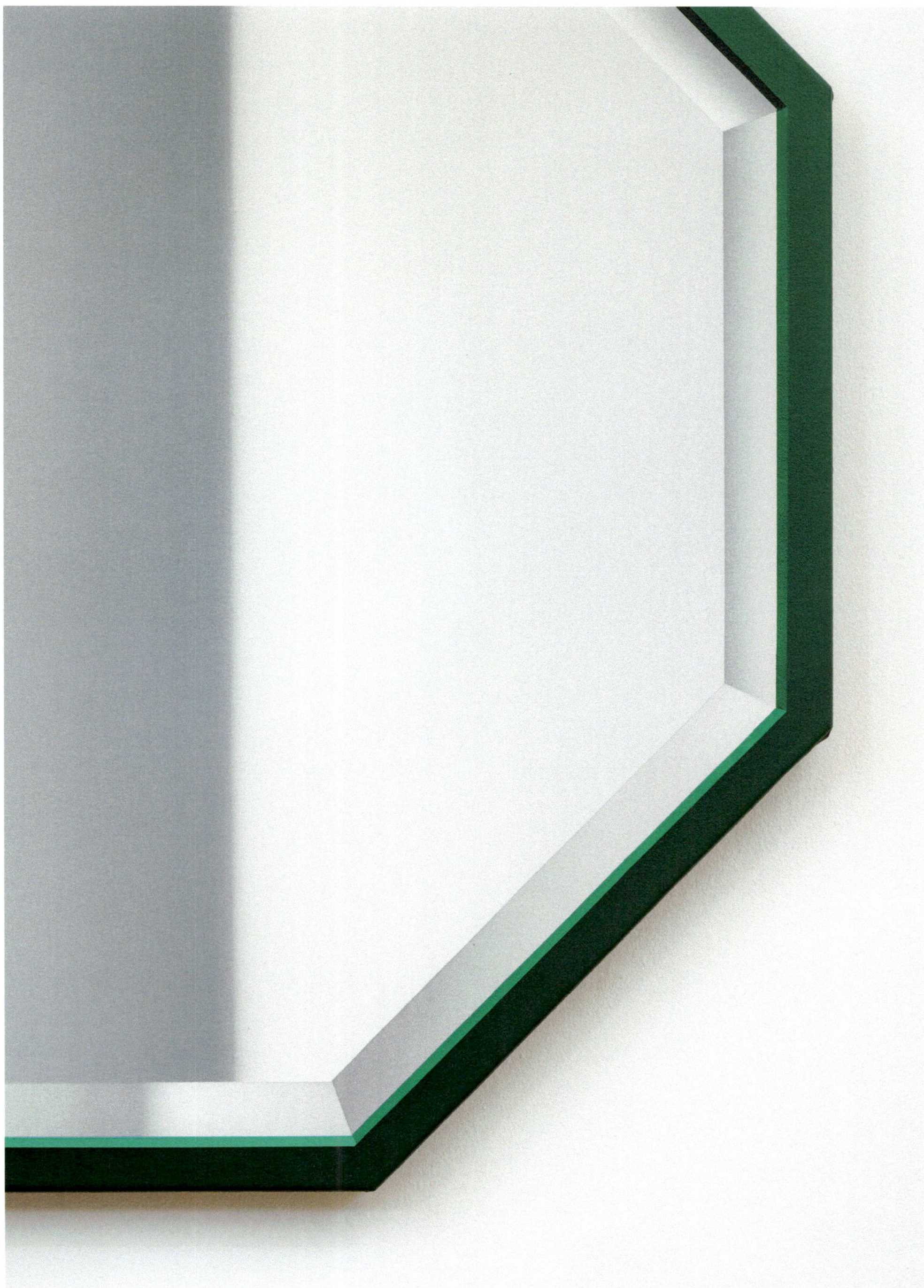

Interior, Still Remains, 2022
Tuval üzerine yağlıboya I Oil on canvas
95 × 75 cm

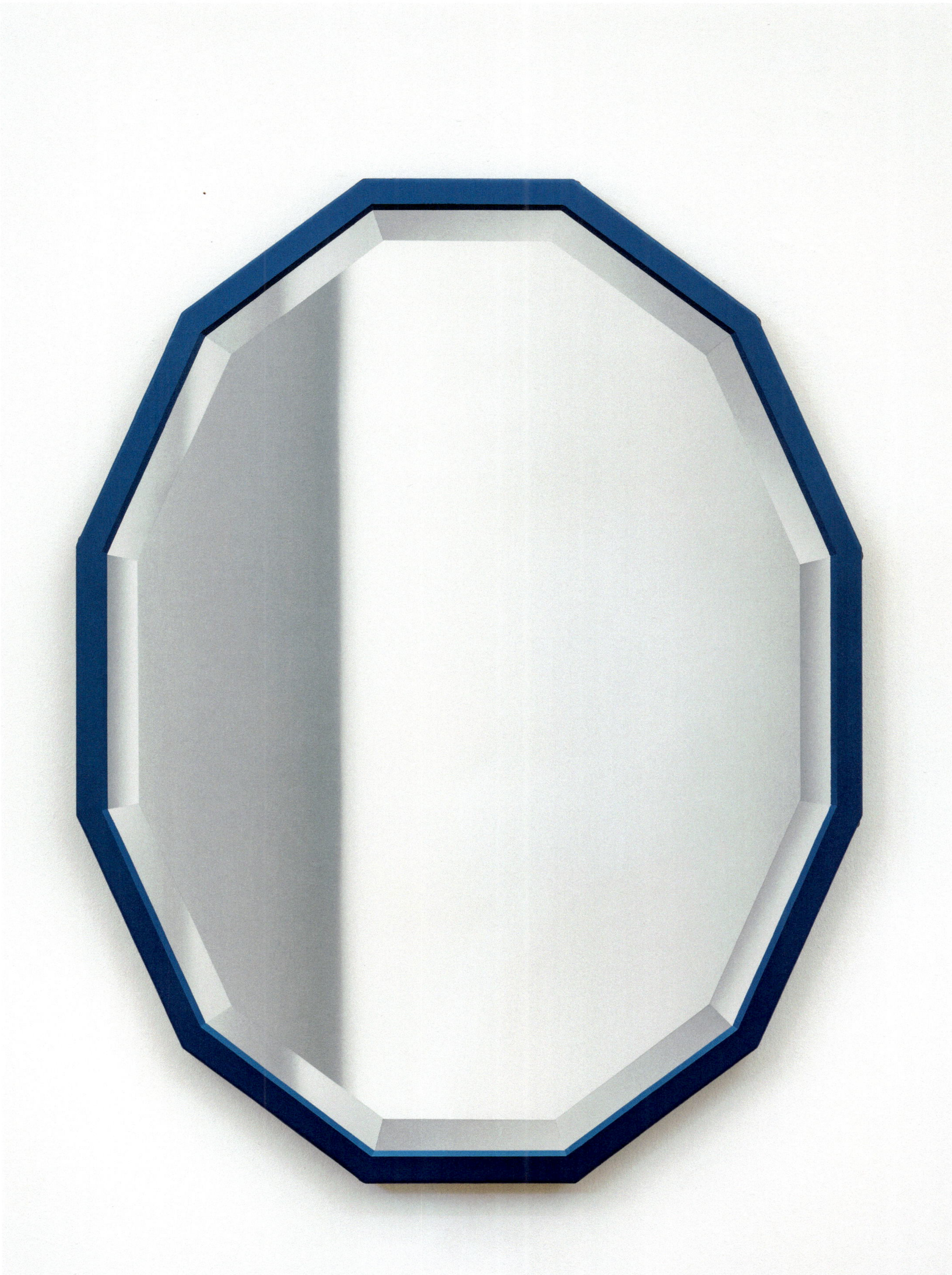

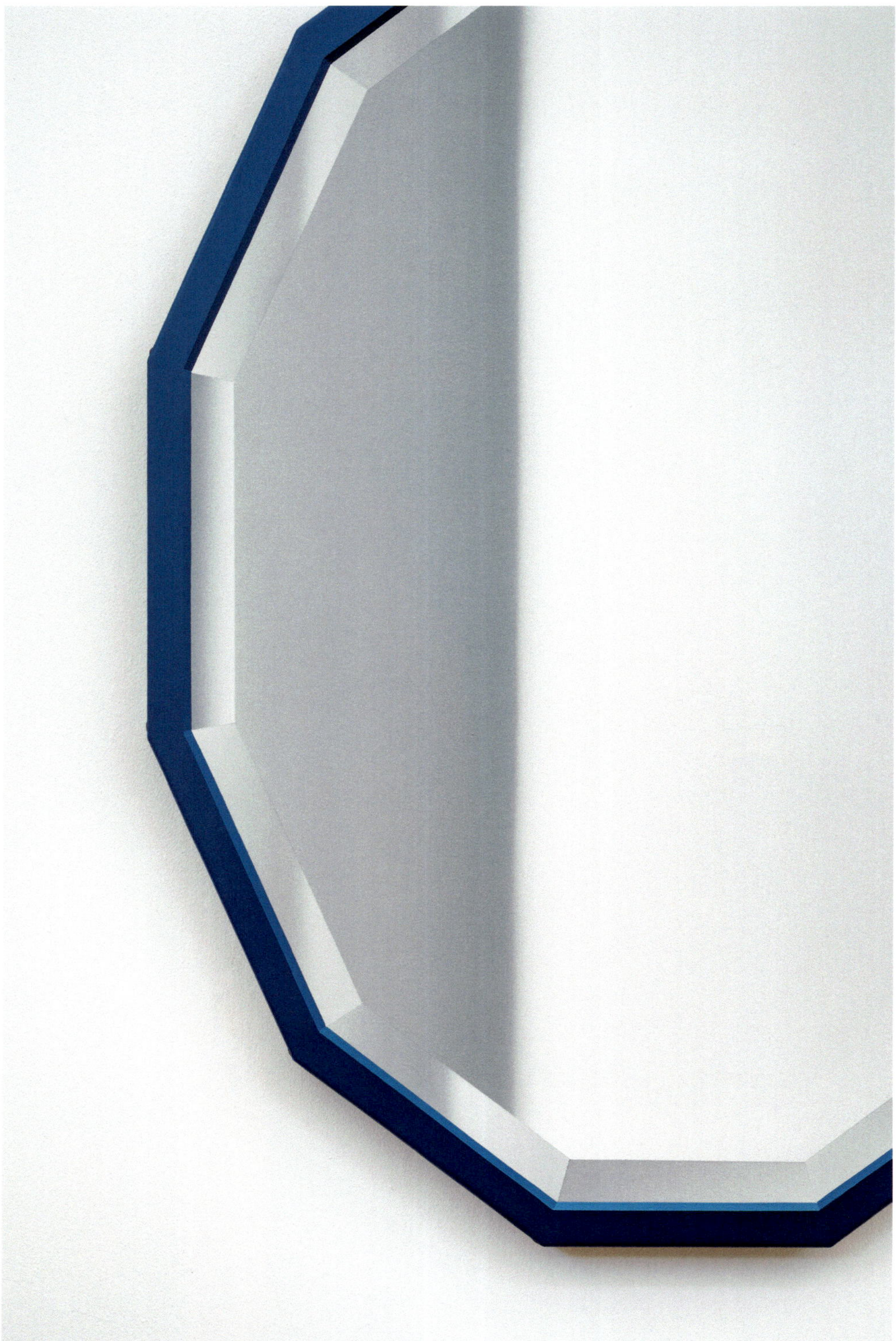

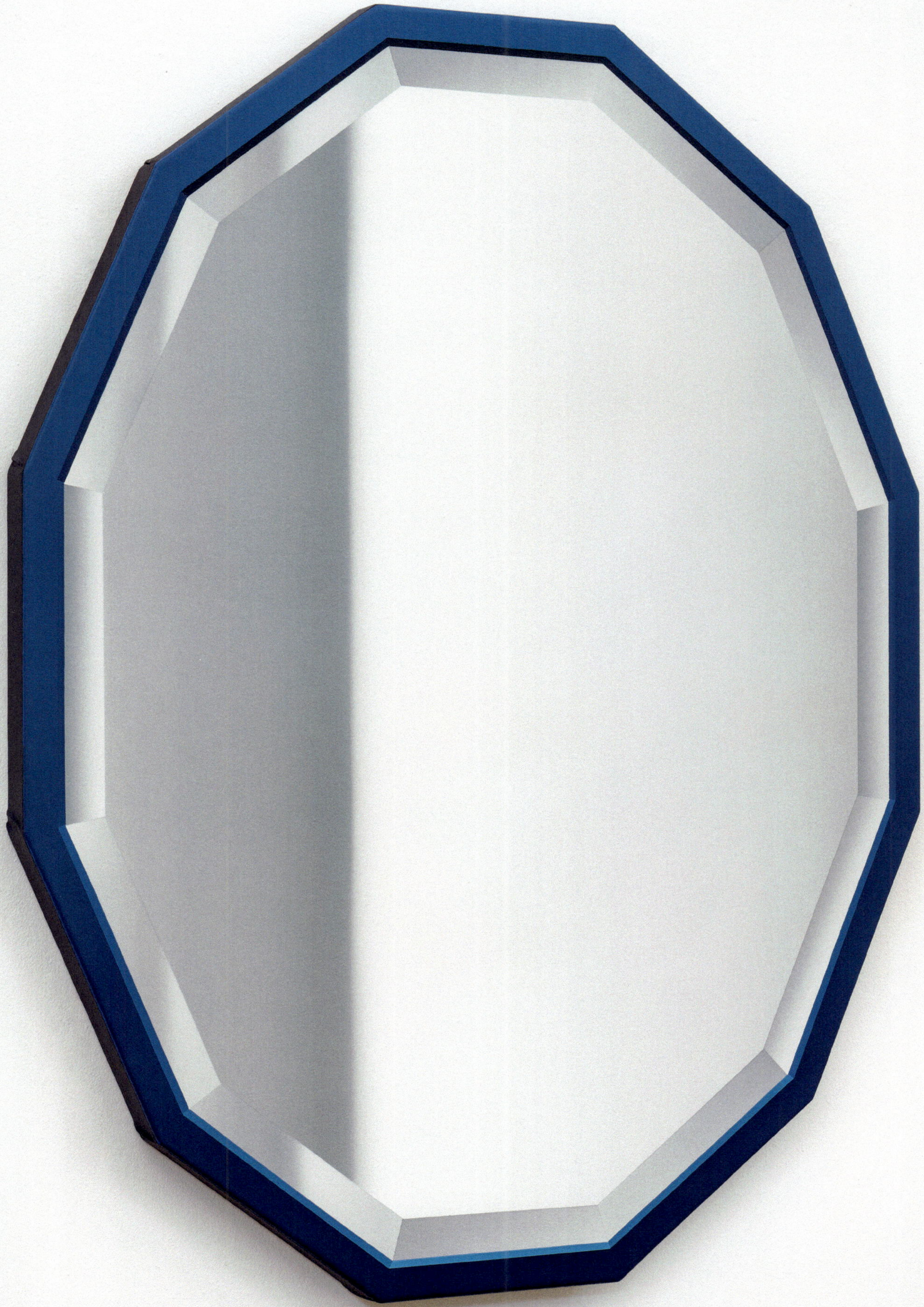

CHRISTOPHER PAGE

d. 1984, Londra | London

KİŞİSEL SERGİLER | SOLO EXHIBITIONS

2022
- *Fading Light in the Picture Gallery*, Dirimart, İstanbul | Istanbul
- *Knots* (with Clementine Keith-Roach), P.P.O.W., New York

2021
- *Shadows & Reflections*, Ben Hunter, Londra | London
- *Interior. (Evening.)*, Blue Mountain School, Londra | London

2019
- *The Four Seasons*, Bill Brady Gallery, Miami

2018
- */Cloud/*, Ben Hunter, Londra | London
- *Opening*, Baert Gallery, Los Angeles

2017
- *Christopher Page: Blind Gallery*, Museu de Arte Moderna, Rio de Janeiro
- *HIGH NOON*, Hunter/Whitfield, Londra | London
- *Exterior (Morning)*, UNIT9, Londra | London

2016
- *Nocturne*, Lord Ludd, Philadelphia
- *Residuals*, curated by Chris Sharp, Instituto Inclusartiz, Rio de Janeiro

2015
- *Dawn*, Hunter/Whitfield, Londra | London

2014
- *Pictures*, Sushi Bar Gallery, New York

2012
- *Bespoke Solutions*, Hannah Barry Gallery, Londra | London

SEÇME KARMA SERGİLER | SELECTED GROUP EXHIBITIONS

2022

- *Fire Sermon,* Public Gallery, Londra | London
- *Mimicires,* Ben Hunter, Londra | London

2021

- *Painting Stone*, Villa Lontana, Roma | Rome

2019

- *Sunvault*, Studioli Roma, Roma | Rome

2018

- Masterpiece, Ben Hunter, Londra | London
- *Interiority,* Ben Hunter, Londra | London

2017

- *Full Haus:* The Seeld Library, MOCA Storefront, Los Angeles

2016

- *Mourning Play*, Nitra Gallery, Atina | Athens
- *Creative Operational Solutions*, Para Site, Hong Kong

2015

- *The National or The Skip*, The Averard Hotel (Slate Projects), Londra | London

2014

- *Demimonde*, Amberwood House (Slate Projects), Londra | London
- *Screen Space*, The Pickle Factory (Slate Projects), Londra | London
- *Tokyo in the Fall,* Gerald Moore Gallery, Londra | London
- *Points of Contact*, No Format Gallery, Londra | London

KOLEKSİYONLAR | COLLECTIONS

2021

- The Potteries Museum & Gallery, Stoke-on-Trent

2018

- Museu de Arte Moderna, Rio de Janeiro

KONUK SANATÇI | ARTIST RESIDENCE

2016

- Instituto Inclusartiz, Rio de Janeiro

2016

- Container Artist Residency 01, on a container ship from Athens to New York.

Bu katalog Dirimart tarafından 1–30 Ekim 2022 tarihleri arasında gerçekleştirilen Christopher Page'in *Müzenin Sönümlenen Işığı* sergisine istinaden yayınlanmıştır.

This catalogue has been published by Dirimart for the exhibition *Fading Light in the Picture Gallery* by Christopher Page held in October 1–30, 2022.

Metin | Text
James Bridle

Çeviri | Translation
Çiçek Öztek

Fotoğraflar | Photography
Nazlı Erdemirel

Tasarım | Design
Atelier Neşe Nogay, Alef Editorial Design

Baskı adedi | Print run
500

Baskı | Printing
MAS Matbaacılık San. ve Tic. A.Ş.
Hamidiye Mah. Soğuksu Cad. no.3 Kağıthane 34408 İstanbul
T: + 90 212 294 1000 | kitap@masmat.com.tr
Sertifika № 44686

Yayıncı | Publisher
DİRİMART
Hacıahmet Mah. Irmak Cad. 1–9
Dolapdere 34440 İstanbul
T: + 90 212 232 6666 | dirimart.com
Sertifika № 68661

978-605-5815-59-2

DIRIMART